Hans-Joachim Schließke

Von Ajax bis Zamperl
Die beliebtesten Hundenamen

Zum Thema „Hunde" sind im FALKEN Verlag bereits erschienen:
„Mischlingshunde" (Nr. 1511)
„Ein neues Zuhause für Streuner und Tierheimhunde" (Nr. 1512
„Komm! Sitz! Platz! (Nr. 1469)
„Grundausbildung für Gebrauchshunde" (Nr. 4750)
„Erfolgreiche Hundeerziehung" (Nr. 4808; auch als Video unter der Nr. 6198)
„Hundekrankheiten" (Nr. 1604)

Bei diesem Buch handelt es sich um eine neue Ausgabe des bisher unter demselben Titel unter der Nummer 1174 erschienenen Buches.

Die Deutsche Bibliothek – CIP-Einheitsaufnahme

Schliesske, Hans-Joachim:
Von Ajax bis Zamperl : die beliebtesten Hundenamen /
Hans-Joachim Schliesske. – Niedernhausen/Ts. : Falken, 1996
    ISBN 3-8068-1681-6
NE: HST

ISBN 3 8068 1681 6

Titelbild: Silvestris-Fotoservice, Kastl (Oberbayern)
Umschlaggestaltung: Peter Udo Pinzer
Nachauflagenredaktion: Dr. Gabriele Schweickhardt

Satz: Raasch & Partner GmbH, Neu-Isenburg
Druck: Wiesbadener Grafische Betriebe GmbH, Wiesbaden

817 2635 4453 6271

Inhalt

Die Wahl des passenden Namens

Hundenamen sollen zum Typ und Naturell des Hundes passen. Jeder Züchter, der sich intensiv um seine Welpen kümmert, erkennt im Lauf der Zeit ihre Wesenszüge. Bei der Namenswahl sollten die Charaktereigenschaften der einzelnen Tiere nach Möglichkeit berücksichtigt werden.

Hundenamen können schon vor der Geburt der Welpen feststehen oder ganz spontan zustande kommen. So hat schon mancher Hund, der zum Beispiel der kleinste oder größte seines Wurfes war, seinen Namen nach der Geburt gleich bekommen (»Piccolo« oder »Dicker«). Nicht jeder Name, den der Züchter für seine Welpen aussucht, muß dem späteren Besitzer gefallen. Oft werden sie dann geändert. Meine Hündin »Brauny« hört auch auf »Zwergusch«; sie erhielt den Namen, weil sie so klein und lebhaft wie ein Zwerg ist. Auch ihren zweiten Kosenamen, »Braunenzwerg«, versteht sie sehr gut. Im Idealfall lernt der spätere Hundebesitzer seinen Welpen schon zeitig bei dem Züchter kennen. Dann können beide zusammen einen passenden Namen aussuchen, der dann auch ins Zuchtbuch eingetragen wird.

Bei der Namenswahl für den Hund sollte man auch auf die Rasse und den Verwendungszweck achten. Gebrauchs- und Gesellschaftshunde unterscheiden sich nicht nur äußerlich, sondern auch in ihren Namen. Zu den Gebrauchshunden werden Hüte-, Schutz- und Jagdhunde gezählt. Bekannte Vertreter der Hüte- und Schutzhunde sind folgende Rassen: Bernhardiner, Collie, Bobtail, Deutscher Schäferhund, Rottweiler, Dobermann und Deutsche Dogge. Diese Tiere werden für die Arbeit mit den Menschen intensiv geschult. Die meisten Befehle, wie beispielsweise »Fuß«, »Sitz«, »Platz«, »Bleib« und »Such« sind prägnant und einsilbig. Der knappe Befehlston verlangt einen kurzen Namen, der nicht mehr als zwei Silben umfassen sollte. Außerdem wäre es etwas komisch, wenn man seiner stattlichen Schäferhündin »Cinderella, such!« zurufen würde. Zu einem Deutschen Schäferhund passen Namen wie »Axel« oder »Asta« viel besser.

Dackel, Cocker Spaniel, Foxterrier, Bullterrier und andere werden den Jagdhunden zugerechnet. Auch diese Hunde sollten nur zweisilbige Namen bekommen, was beiden Seiten die Arbeit erleichtert. Bei der Namenswahl für Gesellschaftshunde, wie Yorkshire Terrier, Pudel, Malteser, Rehpinscher und Pekinese, sind der Phantasie keine Grenzen gesetzt.

Ein wesentlicher Aspekt bei der Namenswahl ist für viele Züchter und Hundebesitzer das Herkunftsland ihrer Hunderasse. So erhalten Deutsche Schäferhunde in der Regel deutsche Namen wie beispielsweise »Hasso« und »Astor«. Besitzer von Windhunden entscheiden sich häufig für arabische oder russische Namen wie »Aljoscha« und »Pathana«. Doch wie Ihr Hund auch heißen soll, suchen Sie einen Namen aus, den Sie mit Freude rufen können – Ihr Hund wird ihn verstehen.

Zucht und Namensgebung:
die wichtigsten Bestimmungen

Jeder Hundebesitzer, der mit seinem Hund züchten will, muß einem Hundeverein angehören. Ziel jeder Zucht sollte es sein, den Rassestandard zu erhalten und zu verbessern. Pflicht und Verantwortung gebieten es, die Verbreitung von Krankheiten und Defekten (zum Beispiel Hüftdysplasie) zu verhindern. Über die sorgfältige Auswahl der Zuchttiere und die ordentliche Aufzucht der Welpen wacht der Hundeverein. Im Zuchtbuchamt, dem Standesamt für Hunde, werden alle Zuchten der Vereinsmitglieder eingetragen. Die Zuchtbestimmungen variieren von Verein zu Verein geringfügig, stimmen in den Grundregeln jedoch überein. Nachfolgend sind in aller Kürze die wichtigsten Zuchtbestimmungen genannt, um dem Laien oder dem zukünftigen Hundebesitzer einen kleinen Einblick zu gewähren. Detaillierte Auskünfte über die Hundezucht erteilen die ortsansässigen Vereine.

– Der Zuchtwert eines jeden Hundes leitet sich von seinen Vorfahren ab und schließt seine Nachkommen ein.
– Hunde, die zur Zucht zugelassen werden sollen, müssen eine Zuchttauglichkeitsprüfung bestehen. Diese Prüfung nimmt der Zuchtwart des jeweiligen Hundevereins ab.
– Das Mindestalter für die Zucht beträgt bei den großen Rassen 15 bis 18 Monate. Kleine Rassen wie Yorkshire Terrier und Malteser dürfen auch schon mit 12 Monaten zur Zucht zugelassen werden.
– Mit Vollendung des 8. Lebensjahres scheidet die Hündin und mit Vollendung des 9. Lebensjahres scheidet der Rüde aus der Zucht aus.
– Jeder Wurf muß vom Zuchtwart des Vereins abgenommen und in das Zuchtbuch eingetragen werden.
– Welpen dürfen nicht vor der Vollendung der 8. Lebenswoche abgegeben werden. Sie müssen gesund, frei von Ungeziefer und sorgfältig entwurmt sein.
– Jeder Züchter muß beim Zuchtbuchamt die Eintragung eines Zwingernamens beantragen (zum Beispiel »Zum Ravenhorst«). Der Zuchtwart überprüft, ob der gewählte Zwingername schon existiert. Ist dies nicht der Fall, wird er eingetragen und ist somit urheberrechtlich geschützt.
– Bei dem ersten Wurf eines Zwingers bekommen alle Welpen Namen mit dem Anfangsbuchstaben »A«, beim zweiten Wurf mit »B« und so weiter. Daran läßt sich erkennen, wieviel Würfe in einem Zwinger zur Welt kamen.

- Jeder Welpe wird in der vierten oder fünften Lebenswoche vom Zuchtwart des Vereins mit einer fortlaufenden Nummer tätowiert.
- Das Zuchtbuchamt stellt jedem Welpen einen Ahnenpaß aus, in den Hunde- und Zwingernamen, Täto-Nummer, Geschlecht, Geburtstag, Farbe sowie Eltern, Großeltern und Urgroßeltern eingetragen werden.

Benutzerhinweise

Dieses Buch soll jedem Hundebesitzer oder dem, der es werden will, bei der Wahl des passenden Namens für seinen Vierbeiner behilflich sein. Das alphabetische Verzeichnis ist in zwei Teile gegliedert: Namen für Rüden und Namen für Hündinnen. Die Namen wurden über mehrere Jahre gesammelt, erheben aber - selbstredend - keinen Anspruch auf Vollständigkeit.
Zahlreiche Einträge sind mit kurzen Hinweisen zur Herkunft und Bedeutung versehen. Wo diese Informationen fehlen, handelt es sich entweder um Phantasienamen (»Afram«), Ortsbezeichnungen (»Andorra«) oder um Nachnamen bekannter Persönlichkeiten (»Einstein«). Bei fremdsprachigen Namen, die auf mehrdeutige Begriffe zurückgehen, wurde immer dann eine andere als die gängige Übersetzung angegeben, wenn diese für den namensuchenden Hundefreund von besonderem Interesse sein könnte.

Abkürzungsverzeichnis

ahd.	althochdeutsch	nord.	nordisch
altgriech.	altgriechisch	normann.	normannisch
altnord.	altnordisch	norweg.	norwegisch
altpers.	altpersisch	oberd.	oberdeutsch
amerikan.	amerikanisch	pers.	persisch
arab.	arabisch	poln.	polnisch
bibl.	biblisch	rätoroman.	rätoromanisch
bulgar.	bulgarisch	rhein.	rheinisch
dän.	dänisch	röm.	römisch
engl.	englisch	russ.	russisch
finn.	finnisch	schott.	schottisch
fläm.	flämisch	schwed.	schwedisch
französ.	französisch	schweiz.	schweizerisch
fries.	friesisch	serbokroat.	serbokroatisch
german.	germanisch	skand.	skandinavisch
griech.	griechisch	slaw.	slawisch
hebr.	hebräisch	span.	spanisch
italien.	italienisch	tschech.	tschechisch
kelt.	keltisch	ungar.	ungarisch
lat.	lateinisch	ukrain.	ukrainisch
männl.	männlich	v. Chr.	vor Christus
niederd.	niederdeutsch	Vorn.	Vorname
niederländ.	niederländisch	weibl.	weiblich

Namen für Rüden
von A bis Z

A

Aac
Abann
Abano
Abbo
Kurzform zu Adalbert
Abel
hebr. (Hauch, Vergäng-
lichkeit)
Abu
Accie
Ace,
Acer
Achat
Halbedelstein
Achilles
griech. Sagenheld
Achim
Kurzform zu Joachim
Achter
Acky
Adam
hebr. (Mann aus roter
Erde)
Admiral
Adonis
schöner Jüngling der
griech. Sage, Liebling
der Venus
Adrian
lat. (der aus Adria Stam-
mende)
Adventure
engl. (Abenteuer, Wagnis)
Aengus
Afram
Agat

Agostini
Aick
Aico
Aikjak
Aircraft
engl. (Flugzeug)
Airport
engl. (Flughafen)
Ajax
griech. Sagengestalt
Ajkman
Ajoeri
Ajosch, Ajoscha
Akascha
Akasztoi
Akim
slaw. Form zu Joachim
Akin
Akito
Akki
Akron
Al
engl. Kurzform zu Albert
Aladin
Gestalt aus »1001 Nacht«
Alba, Alban
lat. (der aus Alba Stam-
mende)
Albi
Alchi
Alco
Aldo
Kurzform zu Vorn. mit
»Adal-«
Alec, Alex, Alexis
engl. Kurzform zu
Alexander
Alf
Kurzform zu Adolf

Alfons
ahd. »adal« (edel, vor-
nehm) und »funs« (eifrig)
Alfy
Ali
arab. (der Erhabene)
Aljasper
Aljoscha
russ. Form zu Alexander
Alk
Allright
engl. (richtig)
Almej
Almo
Alonso
Alpur
Alrik
Kurzform zu Adalrich
Amani
Amatus
lat. (der Geliebte)
Amber
engl. (Bernstein)
Ambi
Amboß
Ameer
Americo
Amethyst
violetter Bergkristall
Amigo, Amig
span. (Freund)
Amor
röm. Liebesgott
Amori
Amur
Amusars
Anatol
griech. (Mann aus
Anatolien)

Anders
skand. Form zu Andreas
Andor, Ando
ungar. Form zu Andreas
André
französ. Form zu Andreas
Andrew
engl. Form zu Andreas
Andrijan
Andriko
ukrain. Form zu Andreas
Andrusch, Anduscha
russ. Form zu Andreas
Andy
engl. Kurzform zu
Andreas
Angelo
italien. Form zu Angelus
Angelus
griech. (Götterbote)
Angot
Anjo
bulgar. Form zu Angelus
Anjushan
Annek
Annico
Anouk
Anschara
Anster
Antar
Antares
griech. (Stern)
Anthony
engl. Form zu Anton
Anti
Antoc
Anton
röm. Sippenname
Antönchen

Antonin
tschech. Form zu Anton
Anu
Apis
heiliger Stier im alten
Ägypten
Apo
Apoll, Apollo griech.-
röm. Gott der Dichtkunst
Appard
Applejack
engl. (Apfeljack, Apfel-
brantwein)
Aragon
Arak
Aramis
einer der drei Musketiere
Archer
engl. (Bogenschütze)
Archibald
ahd. »echan« (echt, rein)
und »bald« (kühn)
Archie
Kurzform zu Archibald
Archimedes
Ares
griech. Kriegsgott
Arex
Argonaut
Besatzungsmitglied eines
griech. Sagenschiffes
Argos
griech. Ortsname
Aribert
französ. Form zu Herbert
Arino
Aris
Aristocat
Comicfigur

Arkas
Arko
fries. Form zu Vorn.
mit »Arn-«
Arkus
Arluk
Armand
französ. Form zu
Hermann
Armanis
Armedes
Armin
Kurzform zu Arminius
(ein Cheruskerfürst)
Arni, Arno
Kurzform zu Arnold
Arnoi
Arnold ahd. »arn«
(Adler) und »waltan«
(walten, herrschen)
Aro
Aron
Nebenform zu Aaron
Arras
Arrax
Arris
Arro
Arrow
engl. (Pfeil)
Arry
Arthos
einer der drei Musketiere
Artus
sagenhafter Britenkönig
Ary
Asconer
Ashley
Askan
Asko, Askoka

Assam
Assat
Asso
Asterix
Comicfigur
Astor
Astrachan
Lammfellart, kurzhaari-
ger Plüsch
Astrix
Kurzform zu Asterix
Atasuk
Atlan
Nebenform zu Atlas
Atoll
Atomic
engl. (atomar)
Atreju
Gestalt aus »Die unend-
liche Geschichte«
Ats
Atschi
Attia
Atze
Aufwind
Augustus
lat. (der Ehrwürdige)
Aulad
Auslik
Avari
Aviv
Axel
schwed. Form zu Absalon
Ayak
Ayako
Ayko
Aylwin
Ayres
Azurlord

B

Babur
Bacchus
griech.-röm. Gott des
Weines
Bacdoro
Baddy
Baffy
Bäker
Bakubit
Baldini
Balleys
Balou
Balz
Kurzform zu Balthasar
Bamse
Bandi
Bandit
Straßenräuber
Bandu, Bandy
Banjo
Musikinstrument
Baquero
Bär, Bärli
Bara
Barag
Barat
Barba
Barbu
Bardey
Barking
engl. (Gebell)
Barkley
Barko
Barnaby
Barney
Baron
Bartos

Baruch
Bas
Baschan
Baschir
Basko
Basra
Bastian
Kurzform zu Sebastian
Bautz
Bay
engl. (Bucht)
Bayar
Baynon
Bears
Beatle
Beatus
engl. (Langhaariger)
lat. (der Glückliche)
Bell
engl. (Glocke)
Belmondo
Ben
Kurzform zu Benjamin
und hebr. (Sohn)
Bendicht
schweiz. Form zu
Benedikt
Benedikt
lat. (der Gesegnete)
Bengel
Bengt
schwed. und dän. Form
zu Benedikt
Benjamin
hebr. (Glückskind)
Benko
Benno, Benny
Kurzform zu Bernhard,
Benjamin und Benedikt

Benson
Beppo
italien. Kurzform zu
Joseph
Berend, Bernd
Kurzform zu Bernhard
Berg
Bernhard
ahd. »bero« (Bär) und
»harti« (hart)
Berno, Berny
Kurzform zu Bernhard
Berry
engl. (Beere)
Bert
Kurzform zu Berthold
Bertil
Berus
Beryll
Edelstein
Betyar
Beverly
Bhajar
Bica
Bichon
Big engl. (groß)
Bijou
französ. (Schmuckstück)
Bilik
Bill, Billy
engl. Kurzform zu
Wilhelm
Bimbo
Bingo
engl. Glücksspiel
Bino
Birdy
Birger
skand. (der Schützende)

Birko
Bizarro
Björn, Bjarne
schwed. (Bär)
Black, Blacky
engl. (der Schwarze)
Blackdale
Blaise
französ. und engl. Form
zu Blasius
Blanco
span. (der Weiße)
Blitz
Blizzardengl. (Schnee-
sturm)
Blossom
engl. (Blüte)
Blue
engl. (blau)
Bo
Bob, Bobby
engl. Koseform zu Robert
Bobo
Böller
Knallkörper
Bogatek
Bogdan
slaw. Form zu Theodor
Bojar
russ. Adliger
Bojard
Bollo
Bomber
Bongo
Trommel
Bonsier
Bonus
Bonviant
Bonzo

Boomer
amerikan. (Bomben-
erfolg)
Bord
Border
engl. (Kante, Grenze)
Boris
slaw. Kurzform zu
Borislaw
Bosko
Boss
engl. (Chef)
Boule
französ. Kugelspiel
Boy
engl. (Junge)
Brachan
Brammert
Brando
Brandy
engl. Bezeichnung für
Weinbrand
Branko
Brantome
Breeze
engl. (Brise)
Brendy
Brett
Briegel
Brik
Brillant
geschliffener Diamant
Brix
Name eines Heiligen
Brkonje
Bronko
Brumbo
Brummer
Brutus

Bryann
Bu
Buff
Bug
Schiffsvorderteil
Bugs
Buk
Bulli
Bullstiff
engl. (bullenstark)
Bum, Buma
Bumper engl.
(Puffer, Stoßstange)
Bundas
Buntic
Burg
Burja
Bursche
Bury
Buschan
Bushido
Buster
amerikan. (Pfundskerl)
Butje
Butz.
Byang
Byfryd
Bylena

C

Caco
Cadir
Cadog
Caesar
röm. Sippenname
oder lat. »caedere«
(schneiden)

Cagan
Cain
Cajus
Nebenform zu Kajus
Caletto
Calgary
Calimero
Calumet
Calvello
Camelot
Cameron
Camikatzi
Camill
griech. »gamelios«
(festlich)
Camillo
italien. Form zu Camill
Camiro
Canadien
engl. (Kanadier)
Candid
lat. (der Weiße, Reine)
Cando
Candor
Candrew
Candy
engl. Form zu Candid
Cane
engl. (Rohr, Stock)
Caninos
Cap
engl. (Mütze, Kappe,
Deckel)
Capone
Carek
Carl
Nebenform zu Karl
Carlchen
Koseform zu Carl

Carlo
italien. Form zu Karl
Carlos
span. Form zu Karl
Carmillo
Caro
Carol
rumän. Form zu Karl
Cart
Casanova
italien. Abenteurer,
Frauenheld
Cascha
Casimir
Nebenform zu Kasimir
Cassidy
Cassius röm. Staatsmann
Cassy
Casto
Catch
engl. (fangen, packen)
Cavallin
Cay, Cayo
Cecandor
Cedrus
Celino
Cembas
Cen
Cennen
Ceno
Cenpo
Cent engl. Münze
Cento
Chagall
Chaki
Chaliflo
Chamber
engl. (Kammer,
Geschäftsraum)

Chan
Change engl. (Geld-
wechsel, Tausch)
Chantilly
Chaplin
Chapman
Chares
Charley, Charly
engl. Form zu Karl
Charmeur
charmanter Plauderer
Charro
Charto
Che
span. und italien. (Hallo)
Cheps
Cherok
Cherry
engl. (Kirsche)
Cherson
Chess
Cheval
französ. (Pferd)
Chico
Chili
span. (scharfes Gewürz)
Chilko
Chilok
Chim
Chimborasso
Chiron
Chlothar
Chocolate
engl. (Schokolade)
Chopin
Chris engl.
Kurzform zu Christian
oder Christopher
Christer

Christo
Kurzform zu Christopher
Christopher
griech. (Christus-
anhänger)
Cicambro
Ciclord
Cid
Cidmil
Cimbo
Cincipat
Cindyboy
Cirtaqui
Clark
lat. »clerius« (Geist-
licher)
Claude
französ. Form zu
Claudius
Claudius
röm. Sippenname
Clausy
Claxs
Clay
engl. (Ton, Lehm)
Clemnot
Cleobis
Clerry
Cliff
engl. (Klippe, Fels)
Clinch
Umklammerung im Box-
kampf
Clive
Clou französ.
(Glanzpunkt, -stück)
Clyde
Coal
engl. (Kohle)

Cob
engl. (kräftiges Pferd)
Coburn
Cocer
Cochise
Coco
Coels
Coesar
Cold
engl. (kalt)
Colin
Comeback
engl. (Rückkehr)
Comet
Commander
engl. (Befehlshaber)
Como
Compte
Comte
französ. Grafentitel
Conarbo
Conde
Congy
Connybell
Cono
Conte
französ. (Märchen,
Erzählung)
Cook
engl. (Koch)
Cooper
engl. (Böttcher, Küfer)
Cord
Nebenform zu Kurt
Cordan
Corfar
Cornwall
Corridan
Corsar

Cortin
Corupier
Corvat
Corvey
Count
engl. (zählen, Adelstitel)
County
Cox
Crab
engl. (Krabbe)
Crack
engl. (Riß, Sprung)
Craft
engl. (Handwerk)
Crazy
engl. (verrückt)
Crescendo
italien. (anschwellende Musik)
Crispin
lat. (der Krauskopf)
Cristan
Cristobal
Cromo
Crown
engl. (Krone)
Cuno
Nebenform zu Kuno
Cürius
Curro
Curzio
Cyclop
Cyrano
Cyros
Cyrus
Name altpersischer Herrscher

D

Dabo
Dabur
Dachs
Daco
Daedalus
griech. (der Kunstfertige)
Dag, Dago
Kurzform zu Dagobert
Dagobert
dän. »dag« (Tag) und ahd. »beraht« (glänzend)
Daikode
Dalamo
Dalbo
Dalens
Damap
Dammo fries.
Kurzform zu Dankmar
Dan
Kurzform zu Daniel
Danaro
Dando
Dandy
engl. (Geck, Modenarr)
Daner
Danger
engl. (Gefahr)
Daniel
hebr. (Gott ist mein Richter)
Danio
Danko, Dankos
serb. (der Geschenkte)
Dankwart
ahd. »dank« (Gedanke) und »wart« (Hüter)
Danner

Danny
engl. Form zu Daniel
Dano bulgar.
Kurzform zu Daniel
Danton
Danu, Danus
Dapper
engl. (nett, flink)
Darby
Dare
engl. (wagen, tollkühn)
Dareios
Dargo
Darino
Darios
Daris
Dark engl. (dunkel)
D'Artagnan
einer der Musketiere
Darwin
Dascha
Dasit
Dasko
Dassilo
Dast, Dasty
Dato
Dauci
Daute
Dave
Kurzform zu David
Davi
David
hebr. (der Geliebte)
Dax
Dayan
Dean
engl. (Probst, Ältester)
Dear
engl. (lieb, Liebling)

Debatter
Debut französ.
(erstes Auftreten)
Debutant
französ. (Anfänger)
Decoratio engl.
(Verzierung, Schmuck)
Dederot
Deert
Defender
engl. (Beschützer)
Defregger
Degli
Dehling
Deister
Del
Delco
Delcoeur
Delevation
Deman
Denarius
Deneb, Denev
Denn
Dennis engl.
Form zu Dionysius
Denny
Koseform zu Dennis
Deputy
engl. (Stellvertreter)
Derk
fries. Form zu Dietrich
Derrick
engl. Form zu Dietrich
Deru
Derwisch
Mitglied eines islamischen Ordens
Desmond
Deubel

Devil
engl. (Teufel)
Dexel
Dexter
Dey
Dhaid
Diamond
engl. (Diamant)
Diavolo
Diaz
Dication
Dick
engl. Kurzform zu
Richard
Didi
fries. Kurzform zu
Dietrich
Diego span.
(Mann aus Santiago)
Dierk
fries. Form zu Dietrich
Dieto
Kurzform zu Namen
mit »Diet-«
Digger
engl. (Goldgräber)
Dijon
Dikcy
Dikson
Dillmaik
Dimitri, Dimitrij
russ. Form zu Demetrius
Dinetto
Dingo
austral. Windhund
Dino
italien. Kurzform zu
Namen mit »-ino«
Dio

Diopan
Dipper
Dirabur
Dirk
Kurzform zu Dietrich
Disler
Dison
Dittchen
Divo
Dix
Kurzform zu Benedikt
Djambo
Djamil
Djanab
Django
Dobber
Dobias
Dog
engl. (Hund)
Dojan
Dolf
Kurzform zu Namen mit
»-dolf«
Dolko
Dominic engl.
Form zu Dominikus
Domizett
Don
Kurzform zu Donald
Donal kelt.
(der Mächtigste der Welt)
Donar
german. Gott
Dondolo
Dongo
Donnar
Donny
Koseform zu Donald
Dorado

Dorex
Dorian
engl. Name griech.
Ursprungs (Herkunfts-
bezeichnung)
Dorias
Dorin
Dorn
Dorx
Dostal
Dotos
Double
engl., französ. (Doppel-
gänger, Ebenbild)
Doucin
Douglas
kelt. (dunkelblau) und
schott. Sippenname
Doux
Dowido
Down
engl. (Flaumfeder,
Daune)
Downtown
engl. (Innenstadt)
Dragon
arab. (Estragon, Gewürz)
Drako
altgriech. Gesetzgeber
Drauf
Dream
engl. (Traum)
Dries
Drops
engl. (Fruchtbonbons)
Drum
engl. (Trommel)
Drümmel
Dschinnah

Duc
französ. Herzog
Duco
Duffy
Dukat
Duke
engl. (Herzog)
Düke
Duks
Dulricks
Dupont
Dur
lat. (Tongeschlecht)
Durft
Duri
Nebenform zu Dorian
Durky
Duse
Dustin
Dusty
engl. (staubig)
Dutton
Duwel
Dux
lat. (Führer)
Dynamo
Stromerzeuger
Dysaster

E

Eagle
engl. (Adler)
Earl
engl. Adelstitel
Easy
engl. (einfach, leicht)
Ebert
Kurzform zu Eberhard
Ebo
Ebony
engl. (Ebenholz)
Echo
Eck, Eckart
Kurzform zu Eckehard
Eckwin
ahd. »ecko« (Speerspi-
ze)und »wini« (Freund)
Ecren
Eddy
engl. Kurzform zu Eduard
Ede
Kurzform zu Eduard
Edel
Edgar
Nebenform zu Otger
Edgeley
Edibur
Edico
Edik, Edikt
Edo
Kurzform zu Eduard
Edorso
Edsart, Edsert
fries. Form zu Eckehard
Edu
Kurzform zu Eduard

Edvar
Edward
engl. Form zu Eduard
Efrem
Eggert
schwed. Form zu
Eckehard
Eggo, Eggy
fries. Form zu Eckehard
Egid, Egidio
Nebenform zu Ägidius
Egli
schweiz. Form zu Egon
Egon
Kurzform zu Egino
Egor
Egyke
Ehm
fries. Kurzform zu Agino
Eick
Eidos
Eiger
Eight
engl. (acht)
Eiko
Kurzform zu Namen mit
»Agil-«
Eilburn
Einar
Einstein
Eiros
Eisbär
Eitel
El
Elan
Elcan
Elektron
negativ geladenes
Elementarteilchen

Elf
engl. (Kobold, Zwerg)
Elfo
Elgen
Elgero
Elgin
Elgo
Kurzform zu Eligius
Elias hebr.
(mein Gott ist Jahwe)
Elios
Eljano
Eljen
Elkan
Ellington
Elliot
Ellute
Elmar
Kurzform zu Egilmar
Elmaro
Elmer
engl. und schwed. Form
zu Elmar
Elmo
fries. Form zu Elmar
Eloi
Elongo
Elrie
Elriko
Elroy
Elstar
Elton
Elwend
Emanu
Kurzform zu Emanuel
Emar
Emerson
Emil
Nebenform zu Aemilius

Emilio
italien. und span. Form
zu Emil
Eminet
Emir
arab. Fürstentitel
Emperor
engl. (Kaiser)
Empire
engl., französ.
(Herrschaft, Reich)
Encas
Encounter
engl. (Begegnung)
Endro, Endros
Enea
Enjoy
engl. (genießen)
Ennio
Enno
fries. Kurzform zu
Einhard
Enook
Enrico
italien. Form zu Heinrich
Enrik
niederländ. Form zu
Enrico
Enzio, Enzo
span. Form zu Enrico
Eomer
Eppo
Kurzform zu Arbogast
oder Eberhard
Erasmo
italien. Form zu Erasmus
Erasmus griech.
(der Liebenswerte)
Erccas

Ercole
Ergo
Erik
skand. Form zu Erich
Eriksen
Erko
Erlo
Ernestle
Erni
Kurzform zu Ernst
Ernö
ungar. Form zu Ernst
Ero
Erode
Erollo
Eros
griech. Gott der Liebe
Error
engl. (Fehler, Irrtum)
Esko
Esso
Estéban
span. Form zu Stephan
Estion
Esto
Ethos
moralische Gesinnung
Etzel
mhd. Form zu Attila
Evando
Evek
Ever fries. Kurzform
zu Eberhard
Ewenrid
Ex, Exel
Exeter
Exotus
Explorer
engl. (Forscher)

Extrovert
engl. (nach außen gerich-
teter Mensch)
Eyk, Eyko
Eyler
Eymo
Ezra hebr. (Hilfe)
Ezzo
italien. Form zu Adolf

F

Fabian
röm. Sippenname
Fabinn
Fabio
italien. Form zu Fabian
Fabrice französ.
Form zu Fabricius
Fabricio
italien. Form zu Fabricius
Fabulent
Facoeur
Faduk
Fagero
Fair engl.
(schön, hell, redlich)
Fairplay
engl. (ehrliches Spiel)
Falco
Nebenform zu Falk
Falcon
engl. (Falke)
Falek, Falk, Falke
Falkner
Fallport
Fambo
Famo

Fanfan
französ. (kleines Kind,
Püppchen)
Fannifax
Fantastic
engl. (phantastisch)
Fanto
Fantom
Fao
Faraud
französ. (Geck)
Farbo
Farin
Farley
Farnaby
Faro
Kurzform zu Faramund
Farporter
Faru, Faruk
Farya
Fatzke
eitler Mensch
Faust
lat. (der Glückbringende)
Fausto
italien. Form zu Faust
Favorit
Günstling, Liebling
Fax
Fedor
russ. Form zu Theodor
Feher, Fehir
Feiko
fries. Form zu Namen
mit »-fried«
Feldmann
Fello
Fellow engl.
(Gefährte, Bursche)

Fels
Femke fries.
Form zu Friedemar
Feodor
russ. Form zu Theodor
und Friedrich
Ferc
Ferdinand
ahd. »fridu« (Friede) und
»nanta« (gewagt, kühn)
Ferenc, Ferencz
ungar. Form zu Franz
Ferfried
Doppelname aus
Ferdinand und Friedrich
Ferg
Fermund
Nebenform zu Faramund
Fernando
italien. Form zu
Ferdinand
Fero
Ferro
lat. »ferrum« (Eisen)
Ferry
französ. Kurzform zu
Friedrich
Festus
Feuercrack
Fevian
Fibak
Fidel
Saiteninstrument
Fidelio
Fidibus
Fiete fries.
Form zu Friedrich
Figaro
scherzhaft: Friseur

Filimon
Filippo
italien. Form zu Philipp
Filius
lat. (Sohn)
Filon
Filou
französ. (Spitzbube,
Schlaukopf)
Fimo
Fingal
Finle
Finn
irische Sagenfigur
Fiore
Fiorenzo
Fips
Kurzform zu Philipp
Firebird
engl. (Feuervogel)
Firestone
engl. (Feuerstein)
Firmin
Firrus
Fiyoo
Fjodor
russ. Form zu Theodor
Fjok
Flach
Flannagan
Flash
engl. (Blitz)
Flaxer
Flecon
Flegel
Flegon
Flik
Flip, Flips
Florent

Florian, Florin
lat. (der Blühende)
Fly
engl. (fliegen)
Flyer
engl. (Flieger)
Foke
Fokus
lat. (Brennpunkt)
Folko
Folksong
engl. (Volkslied)
Fons
Fool
engl. (Narr)
Foreman
engl. (Aufseher,
Obmann)
Fox
engl. (Fuchs)
Framajen
Franek
poln. Form zu Franz
Franko
span. Form zu Frank
Franky
engl. Koseform zu Frank
Franz
deutsche Kurzform zu
Francesco
Fratz
schelmisches Kind
Fred, Freddy
engl. Kurzform zu
Friedrich und Alfred
Fredo
Kurzform zu Alfred
Freiherr
Adelstitel

Fricco
Frido
Kurzform zu Fridolin
Fridolin
Nebenform zu Friedrich
Friedel, Frieder
Kurzform zu Friedrich
Friedwart
ahd. »fridu« (Friede) und
»wart« (Schutz)
Frigg
Frisco
Fritz
Kurzform zu Friedrich
Frojer
Froschkönig
Märchengestalt
Frosty
engl. (frostig)
Frutz
Fudge
engl. (Unsinn, Quatsch)
Fulka
Furio
italien. (Verzückung)
Fürst
Fussy
engl. (heikel, kleinlich)
Future
engl. (Zukunft)
Fuzzy
engl. (flaumig, kraus)

G

Gabix
Gábor
ungar. Form zu Gabriel

Gabriel
hebr. (Mann Gottes)
Gaetano
Gag
engl. (witziger Einfall)
Galan
span. (vornehmer Lieb-
haber)
Galdino
Gallant
Galliard
Gallipants
Gallo
italien. Form zu Gallus
Gamara
Gamin
Gamma
griech. Buchstabe
Ganymed
griech. (Mundschenk
des Zeus)
Garalex
Gard
Nebenform zu Gerd
Garfield
Comicfigur
Garret
engl. Form zu Gerold
Garwin
Garymore
Gasco
Gaston französ.
Form zu Vedastus
Gateau
französ. (Kuchen)
Gatty
Gauner
Gaylord
Gazali

Geck
Modenarr
Gelo
Kurzform zu Angelo
Gem
engl. (Edelstein)
General
Genesis
griech. (Entstehung,
Ursprung)
Genest
griech. »génos« (Nach-
komme)
Genie
Gentil
französ. (nett)
Geo
niederländ. Kurzform
zu Georg
Geoffrey
engl. Form zu Gottfried
George
engl. Form zu Georg
Gera
Gerald
ahd. »ger« (Speer) und
»waltan« (walten, herr-
schen)
Gerd
Kurzform zu Gerhard
Gereon
griech. (Ältester)
Gerit, Gerrit fries.
Kurzform zu Gerhard
German
engl. (Deutscher)
Germar
ahd. »ger« (Speer) und
»mari« (berühmt)

Gero
Kurzform zu Gerhard
Gerry
Gershwin
Gervas engl. Form zu
Gervasius
Gerwig
ahd. »ger« (Speer) und
»wig« (Kampf)
Gessler
Ghino
Giacomo
italien. Form zu Jakob
Gian italien.
Kurzform zu Johannes
Gideon
hebr. (Baumfäller,
Krieger)
Gigolo
französ. (Eintänzer, Haus-
freund)
Gilbert
ahd. »gilt« (Zahlung) und
»beraht« (glänzend)
Gildo
Kurzform zu Gilbert
Gilg, Gilko
Gill
engl. Kurzform zu
Ägidius
Gillou
Gino
italien. Kurzform zu
Ludwig
Gipsy
engl. (Zigeuner)
Gisbert
ahd. »gisil« (Seilschaft)
und »beraht« (glänzend)

Giselher
ahd. »gisil« (Seilschaft)
und »heri« (Heer)
Gismo
Kurzform zu Gismondo
Giulio
italien. Form zu Julius
Glando
Glen, Glenn, Glenny
engl. Vorname (Bedeu-
tung unklar)
Glentop
Glorian
Gobble
engl. (Puter)
Godo fries. Kurzform zu
Namen mit »Gott-«
Godwin
ahd. »got« (Gott) und
»wini« (Freund)
Going
engl. (gehen)
Goliath
bibl. Gestalt
Gollus
Golo
Kurzform zu Gottfried
Gonzo
Good
engl. (gut)
Göpf
schweiz. Kurzform zu
Gottfried
Göran
schwed. Form zu Gregor
Gordon
engl. Adelsgeschlecht
Götje
fries. Form zu Götz

Gottlieb
ahd. »got« (Gott) und
»leib« (Nachkomme)
Götz
Kurzform zu Gottfried
Goy, Goya
Graf
Grainau
Gralf
Nebenform zu Garlef
Grandmaster
engl. (Großmeister)
Grando, Grano
Grant
engl. Form zu Gratian
Grate
engl. (kratzen, reiben)
Grave
engl. (Grab, ernst)
Green
engl. (grün)
Greg
Kurzform zu Gregor
Gregory
engl. Form zu Gregor
Greif
Fabelwesen
Grex
Grey
engl. (grau)
Gri, Grief
Gringo
Grischa
russ. Form zu Gregor
Grisly, Grizzly
Braunbär
Groll
Groot, Grover

Guido italien.
Form zu Withold
Gulan
Gulja
Gulko
Gundo
Gunar, Gunnar skand.
Form zu Gunther
Gunther, Günther
ahd. »gunt« (Kampf) und
»heri« (Heer)
Gura, Gurian
Guru
Lehrer des Hinduismus
Gus
Kurzform zu Gustav
Guscha
Gust, Gustel, Gusti
Kurzform zu August oder
Gustav
Gustaaf niederländ.
Form zu Gustav
Gustav
schwed. (Gottes Stütze)
Guy engl. und französ.
Form zu Withold
Gweni, Gwer
schweiz. Kurzform
zu Quirinus
György
ungar. Form zu Georg

———— **H** ————

Habylus
Hadamar, Hademar
ahd. »hadu« (Kampf) und
»mari« (berühmt)

Hadewin
ahd. »hadu« (Kampf) und
»wini« (Freund)
Hado
Kurzform zu Hademar
Hadrianus
lat. Form zu Hadrian
Hafren
Hagen
Kurzform zu Namen mit
»Hagan-«
Hai
Haiko
Nebenform zu Heiko
Haimo
Haio
Hajak
Hajo
fries. Kurzform zu
Hagen, Hugo, Heiko
Hakon
Hallodri
leichtsinniger Mensch
Halord
Halunke
Halvar, Halvor
Hamilton
Hamlet
Hamsun
Hancock
Handover
Handy
engl. (geschickt)
Hanjo
Kurzform zu Hans-
Joachim
Hanke, Hanko
niederd. Form zu
Johannes

Hannes
Kurzform zu Johannes
Hannibal
phönikisch (Gnade des
Baal)
Hanno
Kurzform zu Johannes
und Hagen
Hanoi
Hans
Kurzform zu Johannes
Hänschen, Hansel
Kurzform zu Johannes
Happy
engl. (glücklich)
Harald
skand. (Beherrscher des
Heeres)
Harbin, Harbo
Hard engl.
(hart, fest, schwer)
Hardi, Hardo
Kurzform zu Namen mit
»Hard-«
Hardwey
Harky
Harlekin
Narrengestalt
Harmony
engl. (Harmonie)
Harol
Haros
Harras
Harri
Nebenform zu Harry
Harrit, Harris fries.
Form zu Hermann
Harro
Kurzform zu Hermann

Harry
engl. Form zu Heinrich
Harto
fries. Form zu Erhard
Harvey
engl. Form zu Hartwig
Hasard
Hasko
Hasper
Hassan
arab. (der Schöne)
Hasso
Kurzform zu Namen mit
»Hart-«, auch: der Hesse
Hathox
Hatto, Hatton
fries. Kurzform zu
Namen mit »Had-«
Hatz
Hetze, Jagd
Haug
Nebenform zu Hugo
Hawk engl.
(Gauner, Schwindler)
Hax
Hayo
Hazan
Hea
Heban
Heddo
Heel
Heider
Kurzform zu Heidrich
Heidjer
Heiko
fries. Kurzform zu
Heinrich
Heilo
ahd. (der Unversehrte)

Heimke, Heimo
fries. Kurzform zu
Heimeran
Hein
Kurzform zu Heinrich
Heine, Heiner, Heini,
Heino, Heinz
Kurzform zu Heinrich
Hektor
griech. Sagenheld
Helge
skand. (der Gesunde)
Helin
Hellas
Griechenland
Helmar
ahd. »helm« (Schutz) und
»mari« (berühmt)
Helmko, Helmo
fries. Form zu Helmut
Hendrik niederländ.
Form zu Heinrich
Henky
Henner, Hennes
Kurzform zu Heinrich
Henry
engl. Form zu Heinrich
Herakles
griech.-röm. Sagenheld
Heraut
Herbert
ahd. »heri« (Heer) und
»beraht« (glänzend)
Herion
Herkules
lat. Form zu Herakles
Hero
fries. Kurzform zu
Hermann

Herold
Hertog
Herzog
Hesso
der Hesse
Heyco
Nebenform zu Heiko
Hickory
Higgins
High
engl. (edel, hoch)
Highclass
engl. (Oberklasse)
Highland
engl. (Hochland)
Hilmar
Kurzform zu Hildemar
Hinrich, Hinrik
Nebenform zu Heinrich
Hiob
griech. (der Angreifer)
Hippe
fries. Kurzform zu
Namen mit »Hilde-«
Hiram
Hit
engl. (Glückstreffer)
Hokuspokus
Holdo
Hollyboy
Holybank
Hondo
Honorius
lat. (der Ehrbare)
Hoomik
Hops
Horant
Hormes
Horst

Hos, Hosea
Hot
engl. (heiß)
Hotschky
Hubert
ahd. »hugi« (Verstand)
und »beraht« (glänzend)
Hubertus
lat. Form zu Hubert
Hubrecht
Nebenform zu Hubert
Hugo
Kurzform zu Hubert
Hugues
französ. Form zu Hubert
Huker
Hulk
engl. (Klotz, Trampel)
Humbert
ahd. »hun« (Busch) und
»beraht« (glänzend)
Humphrey engl.
Form zu Humfried
Hungry
engl. (hungrig)
Hunter
engl. (Jäger)
Hupsy
Hurricane
engl. (Orkan)
Husar
ungar. (Soldat der Reiter-
truppe)
Huschke
Hutchinson

I

Ibitzo
Ibn
Ibo
ahd. »iwa« (Bogen aus
Eibenholz)
Ibrahim
arab. Form zu Abraham
Ibrizio
Icabido
Icaras
Idea
engl. (Idee, Begriff,
Gedanke)
Idefix
Comicfigur
Ido
Idus
Idylle
Ieros
If
engl. (wenn)
Iffland
Iggo
Ignatius
lat. (der Feurige)
Ignaz
Nebenform zu Ignatius
Igor
russ. Form zu Ingvar
Ihno
Ika, Ikram
Ikarus
griech. Sagengestalt
Ikus
Ildefons
Nebenform zu Hildefons

Ilg
Kurzform zu Ägidius
Ilgor
Ilio
Ilja
russ. Form zu Elias
Iljosch
Ilko, Ilkus
Illbros
Illo
fries. Form zu Ägidius
Ilmar
Immanuel
hebr. (Gott ist mit uns)
Immo
fries. Kurzform zu
Namen mit »Irm-«
oder »Irmin-«
Impress
engl. (Ab-, Eindruck,
Stempel)
Impuls
lat. (Antrieb, Anreiz)
Imre
ungar. Form zu
Emmerich
Indigo
span. (blauer Farbstoff)
Indus
Ingbert
Nebenform zu
Ingobert
Ingemar, Ingmar
ahd. »ingwio« (german.
Gott) und »mari« (be-
rühmt)
Ingobald
ahd. »ingwio« (german.
Gott) und »bald« (kühn)

Ingobert
ahd. »ingwio« (german.
Gott) und »beraht«
(glänzend)
Ingold
Ingolf
ahd. »ingwio« (german.
Gott) und »wolf« (Wolf)
Ingraban, Ingram
ahd. »ingwio« (german.
Gott) und »hraban«
(Rabe)
Ingvar, Ingwar
ahd. »ingwio« (german.
Gott) und »war« (Hüter)
Ingwer
Gewürz
Inishea
Inko
fries. Kurzform zu
Namen mit »Ing-«
Innozenz
lat. (der Unschuldige)
Inschallah
arab. (so Gott will)
Inspiration
lat. (Eingebung, Erleuch-
tung)
Inver
Ip, Ipf
Ippon
Iram
hebr. (Wächter)
Iran
Irasko
Iravid
Ired
Irenäus
griech. (der Friedfertige)

Iretto
Irgundo
Iring
Irko
Irlucky
Irmbert
ahd. »irmin« (groß) und
»beraht« (glänzend)
Iron
engl. (Eisen, Kraft)
Irving, Irwin
engl. (Seefreund)
Isaak
hebr. (er wird lachen)
Isanto
Isaro
Isbert
ahd. »isan« (Eisen) und
»beraht« (glänzend)
Isenger
ahd. »isan« (Eisen) und
»ger« (Speer)
Iserl
Isidor
griech. (Geschenk der
Mondgöttin)
Iskander
Isko
Ismael
hebr. (Gott hört)
Ismar
ahd. »isan« (Eisen) und
»mari« (berühmt)
Iso Kurzform zu Namen
mit »Is-«
Israel
hebr. (Fechter Gottes)
István
ungar. Form zu Stephan

Itus
Ivan, Iwan
russ. Form zu Johannes
Ivanhoe
Ivar, Iwar
Kurzform zu Ingwar
Iven
dän. Form zu Johannes
Iver
Ivo
Nebenform zu Yves
Ivory
engl. (Elfenbein)
Ivy
engl. (Efeu)
Izola

J

Jabbe
fries. Form zu Jakob
Jachen
Nebenform zu Jochen
Jack
engl. Form zu Johannes
Jackel
Jackomo
Jackson
engl. (Sohn des
Johannes)
Jacob
Nebenform zu Jakob
Jagdherr
Jagger
Jago
span. Form zu Jakob
Jahn
Jaira, Jairon

Jakob
hebr., Bedeutung unklar
Jalfaro
Jali, Jalk, Jally
Jaltus
James
engl. Form zu Jakob
Jamos
Jamy
Jan
fries. und niederländ.
Form zu Johannes
Janek
poln. Form zu Jan
Janfried
Jango, Janko
fries., slaw. und ungar.
Form zu Jan
Jannes, Jannis
fries. Form zu Johannes
Jannich
Jannik
dän. Form zu Jan
Jano, János
ungar. Form zu Johannes
Jantis
Jarat
Jarco
Jarhal
Jari
Jarka
russ. Kurzform zu
Jaroslaw
Jarling
Jarmway
Jaro
Kurzform zu Jaromir
Jaromir
slaw. (Friedenseiferer)

Jaron
Jaros, Jarosch
Jaroslaw
russ. Form zu Jaromir
Jarryd
Jascha
Jasco, Jasko
Jaso, Jason
Jasper
Nebenform zu Kaspar
Jaunty
engl. (munter, keck)
Jax
Jean
französ. Form zu Hans
Jebel
Jeff
Kurzform zu Jeffrey
Jefferson
Jeffries
Jefta
Jelderk, Jeldrich,
Jeldrik
fries. Form zu Adalrich
Jelger
Nebenform zu Adalger
Jelka, Jelle, Jelske, Jelte
fries. Kurzform zu
Namen mit »Geld-«
Jendrich, Jendrik
slaw. Form zu Heinrich
Jenky
Jenning
fries. Form zu Jan
Jenö
ungar. Form zu Eugen
Jens
fries. und dän. Form zu
Johannes

Jephta
hebr. (er öffnet)
Jeremiah, Jeremias
hebr. (Jahwe wird
erhöhen)
Jero
schweiz. Form zu
Hieronymus
Jeronimo
italien. Form zu
Hieronymus
Jeronimus
Nebenform zu
Hieronymus
Jerrit
fries. Form zu Gerhard
Jerry
engl. Kurzform zu
Jeremias
Jervis
engl. Form zu Gervais
Jerzy
poln. Form zu Jürgen
Jesch
Jesko
slaw. Kurzform zu
Jaromir
Jesper
Nebenform zu Kaspar
Jesse
Jim, Jimmy
Kurzform zu James
Jindrich
tschech. Form zu
Heinrich
Jirko tschech.
Form zu Georg
Jo
Kurzform zu Johannes

Joachim hebr.
(Jahwe richtet auf)
Joascha
Job
hebr. Form zu Hiob
Jobiter
Jobst
Kurzform zu Jodocus
Jochem, Jochen, Jochim
Kurzform zu Joachim
Jock, Jockel, Jöckel
schweiz. Form zu Jakob
Joder
Joe
engl. Form zu Joseph
Joel
hebr. (Jahwe ist Gott)
Joggi
schweiz. Form zu
Jakob
Johan, Johann
Kurzform zu Johannes
Johannes
hebr. (Jahwe ist gnädig)
John, Johnny
engl. Form zu Johannes
Joke
fries. Form zu Johannes
Joker
engl. (Spaßvogel)
Jokim
Kurzform zu Joachim
Jolly
engl. (lustig, fröhlich)
Jon
Kurzform zu Johannes
oder Jonas
Jonah
engl. Form zu Jonas

Jonas
hebr. (Taube)
Jonathan
hebr. (Gottesgeschenk)
Jonker
Jonquil
engl. (Narzissenart)
Jöran
Jordan
Jorge
span. Form zu Georg
Joris
fries. Form zu Georg
Jorit
fries. Form zu Eberhard
Jork
fries. Kurzform zu
Namen mit »Eber-«
Jorn, Jorne fries. Kurz-
form zu Eberwin
Jörn
oberd. Kurzform zu
Georg
José
span. Form zu Joseph
Josef
Nebenform zu Joseph
Josek
Josel
Kurzform zu Joseph
Joseph
hebr. (Gott möge vermeh-
ren)
Josip
slaw. Form zu Joseph
Jost
Nebenform zu Jobst
Josua
hebr. (Jahwe hilft)

Jouet
französ. (Spielzeug)
Jovan, Jowa
Joy
engl. (Freude)
Józef
poln. Form zu Joseph
Juan
span. Form zu Johannes
Jucan
Jucridor
Jules französ.
Form zu Julius
Julian
Weiterbildung zu Julius
Julianus, Julius
röm. Sippenname
Julien
französ. Form zu Julius
Jumbo
Jumping
engl. (springen)
Jumpy
engl. (nervös)
Junker
mhd. (junger Herr)
Jupiter
röm. Gott
Jupp rheinische Form
zu Joseph
Jurex
Jürg, Jürgen, Jürn
Nebenform zu Georg
Juri
slaw. Form zu Georg
Jussup
iranische Form zu Joseph
Just
Kurzform zu Justus

Justin
engl. Form zu Justus
Justus
lat. (der Gerechte)
Jutsch
Juwel
Jux
lat. (Spaß)

_____ **K** _____

Kadett
Zögling in einer Schule
für Offiziersanwärter
Kafka
Kahn
Kai
nord. Name unklarer Her-
kunft
Kajetan
lat. (Mann aus Gaeta)
Kalif
Titel morgenländischer
Herrscher
Kalle
schwed. Form zu Karl
Kálmán
ungar. Form zu Koloman
Kamara
Kamill, Kamillo
Nebenform zu Camill
Kamino
Kamirov
Kamp
Kamran
Kamuni
Kandiak
Kant, Kanto

Karel
tschech. Form zu Karl
Karez
Karl
ahd. »karal« (Mann,
freier Mann)
Karlman
Karlo
Nebenform zu Karl
Karnel
Karo
Karol
poln. Form zu Karl
Károly
ungar. Form zu Karl
Karsten niederd.
Form zu Christian
Kartex
Karthago
Karudon
Kashan
Kasimir
slaw. (Friedensstifter)
Kaspar
pers. (Schatzmeister)
Kassan, Kassen
Nebenform zu Karsten
Kastor
griech. Sagenheld
Kauko
Kavik
Kawartha
Kay, Kayn
Nebenform zu Kai
Kazan
Kedar
Keegan
Keel
engl. (Kiel)

Kees
Keith
engl. Name (Ortsbezeich-
nung)
Kel, Kelwin
Ken, Kene, Kenne
Kurzform zu Kenneth
Kendic
Kenneth
gälisch (hübsch)
Keno
fries. Form zu Kuno,
Konrad
Kermit
engl. (Freier)
Kermo
Kerry
Nebenform zu Cary
Kersten
niederd. Form zu
Christian
Keston
Kestrel
Kevin, Kewin
irisch (hübsch)
Khaiber
Khan
orientalischer Herrscher-
titel
Kidrum
Kilian
kelt. (Mann in der Zelle)
Killi
Kim engl.-irisch
(Kriegsanführer)
Kimbo
Kimik
King
engl. (König)

Kingly
engl. (königlich, edel, vornehm)
Kipling
Kirk
Kitho
Kjer
Klaas, Klas
Kurzform zu Nikolaus
Klaudius
Nebenform zu Claudius
Klaus
Kurzform zu Nikolaus
Kleiner
Klemens, Klemenz
lat. (der Gütige)
Klodewig, Klodwig
alte Form zu Ludwig
Klondike
Klothar
alte Form zu Lothar
Knell
engl. (Totenglocke, Vorbote)
Knirps
Knut
nord. (Mann vornehmer Herkunft)
Ko, Köbes
rheinische Form zu Jakob
Koiski
Kojak
Kokyl
Kolbert
fläm. (glänzende Quelle)
Kolinka
Nebenform zu Kolja
Kolja
russ. Form zu Nikolaus

Koloman
kelt. (Mönch)
König
Konrad
ahd. »kuoni« (kühn) und »rat« (Ratgeber)
Konradin
Weiterbildung zu Konrad
Kord
dän. Form zu Kurt
Korgo
Korneel, Kornel
Korsi
Korta
Kosak
russ. Reitersoldat
Kosimo
Nebenform zu Cosimo
Kostja
russ. Form zu Konstantin
Kotilik
Kraft
Krakatau
Krauskopf
Krischan
Krishna
indisch (der Schwarze)
Krispin
Nebenform zu Crispin
Krister
Kristof
Nebenform zu Christoph
Krümelchen
Kuki
Kuluma
Kun, Kune, Kunen
Kunibert
ahd. »kuni« (Sippe) und »berahr« (glänzend)

Kuno, Kunz
Kurzform zu Konrad
Kurd, Kurt
Kurzform zu Konrad
Kusel
Kwai
Kyalami
Kyrill
griech. (dem Herrn zu eigen)
Kyros, Kyrus
Kyso, Kysyl

L

Lacator
Lacus
Ladakh
Ladewig
fries. Form zu Ludwig
Ladislaus
slaw. (ruhmreicher Herrscher)
Lado
Kurzform zu Ladislaus
Ladykiller
engl. (Herzensbrecher)
Lafitte
Lagelo
Lairo
Lajos
ungar. Form zu Ludwig
Lake
engl. (See)
Lakehurst
Laky
Lalido
Lalos

Lambert
ahd. »land« (Land) und
»beraht« (glänzend)
Lambertus
lat. Form zu Lambert
Lamblike
engl. (lammfromm, sanft)
Lambrecht
Nebenform zu Lambert
Lancia
Landelin
Landerich
ahd. »land« (Land) und
»rihhi« (reich, mächtig)
Landjunker
Landor
Landrich
Nebenform zu Landerich
Lanero
Lansing
Lanus
Lanzelot
Artusritter
Lanzo
Kurzform zu Lanzelot
Larco, Lardo
Larry
engl. Kurzform zu
Hilarius
Lars
schwed. Kurzform zu
Laurentius
Laser
engl. (scharf gebündelter
Lichtstrahl)
Laslo
ungar. Form zu Ladislaus
Lasse
Nebenform zu Lars

Laurel
Kurzform zu Laurentius
Laurentius, Laurenz
lat. (Mann aus Lauren-
tum)
Lauri
norweg. Kurzform zu
Laurentius
Laurids, Lauritz
dän. Kurzform zu
Laurentius
Laurin
sagenhafter Zwergen-
könig
Lausbub
Laux
Kurzform zu Lukas
Lawrence
engl. Form zu Laurentius
Lazy
engl. (träg, faul)
Leif, Leik
nord. (Erbe, Sohn)
Leiko
Lelio, Lelo
Lemmi
Lenhard
Nebenform zu Leonhard
Lennart schwed.
Form zu Leonhard
Lennox
Lenny
engl. Kurzform zu
Leonhard
Leno
Lenz
Kurzform zu Lorenz
Leo
lat. (Löwe)

Léon
französ. Form zu Leo
Leonhard
lat. »leo« (Löwe) und
ahd. »harti« (hart)
Leonid
russ. Form zu Leonidas
Leonidas
griech. (Löwensohn)
Leslie
engl. Name unklarer Her-
kunft
Lester
engl. Name (Ortsbezeich-
nung)
Lets Go
engl. (laß uns gehen)
Levi
hebr. (dem Bunde treu)
Lew
russ. Form zu Leo
Lewis
engl. Form zu Ludwig
Lex
Kurzform zu Alexander
Liaro
Liberty
engl. (Freiheit)
Liebling
Liguster
Like
engl. (gleich, ähnlich)
Lincoln
Lindor
Lingo
Linnart
rheinische und schwed.
Kurzform zu Leonhard
Linster

Linus
griech. (der Klagende)
Lion
engl. Form zu Leo
Lionel
Weiterbildung zu Lion
Lips
niederd. Form zu Philipp
Lipton
Little
engl. (klein)
Livio
italien. Form zu Livius
Livius
lat. (der aus der Sippe der
Livier
Lobo, Lobso
Lobster
amerikan. (Tölpel)
Locomotion
engl. (Fortbewegung)
Lodewik
niederländ. Form zu
Ludwig
Lois, Loisi, Loisl
Kurzform zu Alois
Lollipop
engl. (Lutscher)
London
Lorbaß
Lümmel, Taugenichts
Lord engl. Adelstitel
Lordship
engl. (Lordschaft)
Lorenz
Nebenform zu Laurentius
Lorenzo, Loris
italien. Form zu
Laurentius

Lotan
Lothar
ahd. »hlut« (laut, be-
rühmt) und »heri« (Heer)
Lou
Kurzform zu Louis
Louis
französ. Form zu Ludwig
Lover
engl. (Liebhaber)
Lovis
Nebenform zu Louis
Lowik
niederländ. Form zu
Lodewik
Lu
Kurzform zu Ludwig
Luban
Lübbe
fries. Form zu Ludbert
Luc
Kurzform zu Lucius
Lucian, Lucius
lat. (bei Tagesanbruch
geboren)
Lucky
engl. (glücklich)
Lucrezio
Lude, Lüde
niederl. Kurzform zu
Lüdeke
Lüdeke
fries. Form zu Ludwig
Lüder, Ludo
Kurzform zu Luither
Ludolf
ahd. »hlut« (laut, be-
rühmt) und »wolf«
(Wolf)

Ludwig
ahd. »hlut« (laut,
berühmt) und »wig«
(Kampf)
Luggi
schweiz. Form zu
Ludwig
Luick
fries. Kurzform zu
Namen mit »Luit-«
Luidolf, Luitolf
ahd. »liuti« (Volk) und
»wolf« (Wolf)
Luigi
italien. Form zu Ludwig
Luis, Luiz
span. Form zu Ludwig
Luk
fries. Kurzform zu
Lüdeke
Lukas
lat. (Mann aus Lukanien)
Luke
engl. Form zu Lukas
Lümmel
Lump, Lumpazi, Lumpi
Lund
Lupus
lat. (Wolf)
Lusaki
Lusiano, Lusianus
Lusio
Lutz
Kurzform zu Ludwig
Lux
Kurzform zu Lukas
Luxus
Luzius
Nebenform zu Lucius

M

Maart, Maarten
Maartinus
Maat
Seemann
Macko, Macky
Madeira
Maffick
engl. (ausgelassen sein,
feiern)
Magic
engl. (magisch, zauber-
haft)
Magister
lat. (Meister)
Magnar
norweg. Form zu Magnus
Magnus
lat. (der Große)
Maik
fries. Form zu Meinhard
Maikan
Mainhard
Nebenform zu Meinhard
Maino, Maint
Maio
Kurzform zu Magnus
Majestic
engl. (majestätisch)
Major
engl. (größer, höher)
Mak
Malgrado
Malo, Malov
Malte
dän. und schwed. Kurz-
form zu Helmwald

Malzef
Man engl. (Mann)
Manager
engl. (Direktor, Leiter)
Mandala
Mando
Mandus
Kurzform zu Amandus
Manes
Manfred
ahd. »man« (Mann) und
»fridu« (Friede)
Mangold
Gemüsesorte
Manhard, Manhart
Nebenform zu Meinhard
Mannus
Mano
Kurzform zu Manuel
Manolito, Manolo
span. Form zu Emanuel
Manuel
Kurzform zu Emanuel
Marbold
Marc
Kurzform zu Namen mit
»Mark-«
Marcel, Marcelin
französ. Form zu Markus
Marco
italien. Form zu Markus
Marek
slaw. Form zu Markus
Marhold
Nebenform zu Marald
Marian
lat. (der zu Maria gehört)
Marin, Marinellus
Nebenform zu Marinus

Mariner
engl. (Seemann)
Marino, Mario italien.
Form zu Marinus
Marinus
lat. (zum Meer gehörend)
Marius
lat. (Mann vom Meer)
Mark
Nebenform zu Marc·
Marke, Marko
Kurzform zu Markward
Markhart
Nebenform zu Markward
Markolf
ahd. »marka« (Grenze)
und »wolf« (Wolf)
Markus
lat. (Schützling des
Kriegsgottes Mars)
Markward, Markwart
ahd. »marka« (Grenze)
und »ward« (Hüter)
Marlo, Marlon
engl. Name unklarer
Bedeutung
Marquard
Nebenform zu Markward
Marquis
französ. Adelstitel
Marten
Nebenform zu Martin
Märten, Märtgen
Nebenform zu Martin
Martial engl.
(kriegerisch, tapfer)
Martin, Martinus
lat. (Sohn des Kriegs-
gottes Mars)

Martino
italien. Form zu Martin
Marx
Kurzform zu Markus
Masino
Maso
Massimo
italien. (der Größte)
Master
engl. (Meister)
Mat engl.
Kurzform zu Mathew
Matai
Mathew
engl. Form zu Matthias
Mathieu
französ. Form zu
Matthias
Mathis
Kurzform zu Matthias
Matteo italien.
Kurzform zu Matthias
Matz
Maurice
französ. Form zu Moritz
Mauritius
lat. Form zu Moritz
Mauriz, Maurizio
italien. Form zu Moritz
Mauro
italien. Form zu Maurus
Maval
Max
Kurzform zu Maximilian
Maxim
russ. Form zu Maximilian
Maximilian
lat. »maximus« (der
Größte)

Mecke, Mecky
Medus
Meik, Meiko
Nebenform zu Maik
Meino
fries. Kurzform zu
Meinald
Meio
Nebenform zu Maiko
Melk
Kurzform zu Melchior
Mendel
Kurzform zu Emanuel
Meo
italien. Kurzform zu
Bartholomeo
Merten
Nebenform zu Martin
Meru
Meteor
Michael
hebr. (Wer ist wie
Jahwe?)
Miazar
Micha, Michel
Nebenform zu Michael
Michail
russ. Form zu Michael
Michele
italien. Form zu Michael
Mickel
schwed. Kurzform zu
Michael
Mico, Micosch
Midnight
engl. (Mitternacht)
Migo
Miguel
span. Form zu Michael

Mike
engl. Kurzform zu
Michael
Mikulas
russ. Form zu Nikolaus
Milan
tschech. Kurzform zu
Miroslaw
Milko, Milo
Kurzform zu Miloslaw
Mirko
Kurzform zu Miroslaw
Mister
engl. (Herr)
Mohr
Mokus
Monarch
griech. (Staatsoberhaupt)
Monster
engl. (Ungeheuer)
Monti
Monza
Moonfire
engl. (Mondfeuer)
Moppel, Möppel
Moppy
Moritz
Nebenform zu Mauritius
Morri, Morro
Moses
hebr. (der aus dem Was-
ser Gezogene)
Muck
Märchenfigur
Mucki
Mungo
Schleichkatzengattung
Mylord
engl. (gnädiger Herr)

N

Nabor
hebr. (Prophet des Lichts)
Nabuco
Nachhall
Nadir
Nagnat
Nahar
Nahum
hebr. (Tröster)
Najac, Najas
Nakuru
Nalmo
Namayan
Nandolf
ahd. »nannta« (waghal-
sig) und »wolf« (Wolf)
Nandor
ungar. Form zu
Ferdinand
Nanij
Nanko
Nanno
fries. Kurzform zu
Ferdinand
Nante
niederd. Kurzform zu
Ferdinand
Nantwig
ahd. »nannta« (waghal-
sig) und »wig« (Kampf)
Nanuk
Napoleon
französ. (Mann aus
Neapel)
Narasso
Narol

Narvat
Nat
engl. Kurzform zu
Nathan oder Jonathan
Nathan, Nathanael
hebr. (Geschenk Gottes)
Nato
Natz
Naum
Kurzform zu Nahum
Navron
Necky
Ned, Neddy
engl. Kurzform zu
Eduard
Neduc
Negro
engl. (Neger)
Negus
engl. (Glühwein)
Nehemia
Nelson
Nem
Nepomuk
tschech. (Mann aus
Pomuk)
Nero
röm. Kaiser
Nerone
Nessie
Nestor
griech. Sagengestalt
New engl. (neu)
Nicholas
engl. Form zu Nikolaus
Nick, Nicki engl. Kurz-
form zu Nikolaus
Nico
Nebenform zu Niko

Nicodemo
italien. Form zu
Nikodemus
Nicol
Nebenform zu Nikol
Nicolo
italien. Form zu Nikolaus
Nicolai
russ. Form zu Nikolaus
Nicolas
span. und engl. Form zu
Nikolaus
Nicot
Niculaus
Nebenform zu Nikolaus
Nidger
ahd. »nid« (Neid) und
»ger« (Speer)
Nieck
Niels
Nebenform zu Nils
Niemann
Nies
Nighils
Nikita russ. (der Sieger)
Nikka, Nikke
Niklas, Niklaus niederd.
Form zu Nikolaus
Niko
Kurzform zu Nikolaus
Nikodemus
griech. (Volksbesieger)
Nikol
Kurzform zu Nikolaus
Nikolai, Nikolaj
russ. Form zu Nikolaus
Nikolas, Nikolaus
griech. (Besieger des
Volkes)

Nikoleer
Nils skand.
Kurzform zu Nikolaus
oder Kornelius
Nino
italien. Kurzform zu
Johannes
Nirat
Nirwana
sanskrit (Zustand der
seligen Ruhe)
Nis
Kurzform zu Dionysius
Nisse
skand. Koseform zu Nils
Niton
Nivard
Niwes
Noah
hebr. (Ruhe, Trost)
Nobino
Nogly
Nolde
Kurzform zu Anatol
Noldor
Nolik
russ. Kurzform zu
Arnold
Noll
rhein. Kurzform zu
Arnold
Nolte
Nebenform zu Nolde
Nonno
fries. Kurzform zu
Namen mit »Nant-«
Norbert
ahd. »nord« (Norden)
und »beraht« (glänzend)

Norby
Kurzform zu Norbert
Nordwin
ahd. »nord« (Norden)
und »wini« (Freund)
Norfried
ahd. »nord« (Norden)
und »fridu« (Friede)
Noris
Norman
ahd. (Mann aus dem
Norden)
Norske
Nostaw
Notker
Umkehrung zu Gernot
Novel
engl. (neu, ungewöhn-
lich)
Nuko
Nyresso

——— **O** ———

Oak
engl. (Eiche)
Obelisk
griech. (vierkantige
spitze Säule)
Obelix
Comicfigur
Oberon
Nebenform zu Auberon
Oblix
Obmann
Occur
engl. (vorkommen, sich
finden)

Oceano
Ocobo
Odell
Oderon
Odeur
französ. (Duft)
Odilo
Nebenform zu Odo
Odin
german. Gott
Odinus
lat. Form zu Odin
Odo
Nebenform zu Otto
Odomar
Nebenform zu Otmar
Odonton
Odysseus
griech. Sagengestalt
Ogordek
Ogum
Ohegyi
Oheim
Onkel
Oho
Okaro
Okay engl.
(richtig, stimmt, gut)
Okito
Okland
Okolo
Oktavian lat.
(zum Achten gehörig)
Okuma
Okzident lat.
(Abendland, Westen)
Olac
Olaf
german. (Ahnensproß)

Olandeu
Olberich
Nebenform zu Alberich
Olby
Old engl. (alt)
Oldwig
ahd-. »adal« (edel) und
»wig« (Kampf)
Ole
dän. Form zu Olaf
Oleg
russ. Form zu Helge
Olezek, Olezka
Olf
Kurzform zu Namen mit
»-olf«
Olfert
fries. Form zu Alfhard
Oliviero
italien. Form zu Oliver
Oliver
lat. (Ölbaumpflanzer)
Olof
schwed. Form zu Olaf
Oltman
fries. Kurzform zu
Namen mit »Adal-«
Oluf
dän. Form zu Olaf
Olympus
Omar, Omaro
Kurzform zu Otmar
Omke, Omko, Omme,
Ommeke, Ommo
fries. Kurzform zu Otmar
Ondor
Ondulus
Only
engl. (einzig, nur)

Onne, Onno
fries. Form zu Otto
Ontario
Onyx
Halbedelstein
Opal
Halbedelstein
Oparo
Opponent
engl. (Gegner)
Opuro
Orage französ.
(Gewitter, Sturm)
Oranier
Orb
Orballo
Orell schweiz.
Form zu Aurelius
Orest
griech. Sagengestalt
Organt
Orias
Orino
Orixa
Ork, Orkney
Orlando italien.
Form zu Roland
Ornus
Orolo
Ort, Orth
Ortger
ahd. »ort« (Speerspitze)
und »ger« (Speer)
Ortlieb
ahd. »ort« (Speerspitze)
und »leiba« (Erbe)
Ortnit
ahd. »ort« (Speerspitze)
und »nit« (Neid)

Ortold
Nebenform zu Ortwald
Ortolf
ahd. »ort« (Speerspitze)
und »wolf« (Wolf)
Ortwein, Ortwin
ahd. »ort« (Speerspitze)
und »wini« (Freund)
Orvieto
Orvill, Orville
Osbert
Nebenform zu Ansbert
Oscar, Oskar
Nebenform zu Ansgar
Osmar
ahd. »ans« (Gott) und
»mari« (berühmt)
Osning
Ossi, Ossy Kurzform zu
Oskar und Oswald
Ossin
Ossip
russ. Form zu Josef
Ostero
der in der Osterzeit
Geborene
Ostwind
Oswald
ahd. »ans« (Gott) und
»waltan« (walten, herr-
schen)
Oswin
ahd. »ans« (Gott) und
»wini« (Freund)
Ota
tschech. Form zu Otto
Otbert
ahd. »ot« (Besitz) und
»beraht« (glänzend)

Otfried
ahd. »ot« (Besitz) und
»fridu« (Friede)
Otmar
ahd. »ot« (Besitz) und
»mari« (berühmt)
Otmund
ahd. »ot« (Besitz) und
»munt« (Schutz der
Unmündigen)
Ott, Otte
Nebenform zu Otto
Otter
Ottfried
Nebenform zu Otfried
Ottheinrich
Doppelname aus Otto
und Heinrich
Ottheinz
Doppelname aus Otto
und Heinz
Otthermann
Doppelname aus Otto
und Hermann
Ottibald
Ottmar
Nebenform zu Otmar
Otto
Kurzform zu Namen
mit »Ot-«
Ottokar
ahd. »ot« (Besitz) und
»wakar« (wachsam)
Ottomar
Nebenform zu Otmar
Otwald
ahd. »ot« (Besitz) und
»waltan« (walten, herr-
schen)

Otward
ahd. »ot« (Besitz) und
»wart« (Hüter)
Otwin
Nebenform zu Edwin
Out
engl. (aus, hinaus)
Outley
Ouwe, Owe
Nebenform zu Uwe
Oval
Owens
Ozard
Ozelot
Kleinkatze

P

Paale
fries. Form zu Paul
Paavo
finn. Form zu Paul
Pablo
span. Form zu Paul
Paco
Paddy
engl. Koseform zu
Patrick
Padma
Pagan
engl. (der Heide)
Pageno
Pai
Pál
ungar. Form zu Paul
Paladin
lat. (Anhänger, Gefolgs-
mann)

Palas
Palle
fries. Form zu Paul
Palmiro
lat. »palmatius« (Palm-
träger)
Pals
fries. Form zu Paul
Palustri
Pamero
Pamor, Pamos
Pan
griech. Hirtengott
Panaro
Panchagat
Pancho
span. Koseform zu
Franciscus
Panda
Bärenart
Pandur
ungar. (Leibdiener, Fuß-
soldat)
Pankratius
griech. (der alles Beherr-
schende)
Pankraz
Kurzform zu Pankratius
Pantaleon
griech. (Allerbarmer)
Panther
Großkatze
Pany
Paolo
italien. Form zu Paul
Paper
engl. (Papier)
Papermoon
engl. (Papiermond)

Par, Pär
schwed. Form zu Peter
Para, Parado
Parenzo
Paros
Parsival, Parzival
Artusritter
Pascal
französ. Form zu
Paschalis
Pascha
türk. (früherer orienta-
lischer Titel)
Paschalis
lat. (der zu Ostern
Geborene)
Pat
Kurzform zu Patrick
Patou
Patrick irische
Form zu Patricius
Patriot
griech. (Vaterlands-
freund)
Patricius, Patrizius
lat. (der Altadlige)
Paul
Kurzform zu Paulinus
Paulinus, Paulus
lat. (der Kleine)
Pavo
Pawel
russ. Form zu Paul
Pay
engl. (zahlen, bezahlen)
Peder
dän. Form zu Peter
Pedro
span. Form zu Peter

Peeke
fries. Form zu Peter
Peer
schwed. Form zu Peter
Peet
niederländ. Form zu Peter
Peg
Peider
Peko
fries. Form zu Peter
Pelle
schwed. Form zu Peter
Pelido
Pepablo
span. Doppelname aus
Peter und Pablo
Pepe, Pepino, Peppo
span. Kurzform zu Josef
Pepper
engl. (Pfeffer)
Peppermint
engl. (Pfefferminze)
Peppy
Per
Nebenform zu Peer
Percy
engl. Form zu Parzival
Perez
Nebenform zu Pedro
Perikles
griech. (sehr berühmt)
Perino
Perlor
Pero
italien. Form zu Peter
Peroy
Perry
engl. Kurzform zu
Peregrin

Peter
griech. (Felsen)
Peye
fries. Form zu Paul
Philhard
Doppelname aus
Philipp und Gerhard
Philipp
griech. (Pferdefreund)
Philippe
französ. Form zu Philipp
Philo
griech. (Freund)
Phönix
Vogel der altägyptischen
Sage
Piccolo
italien. (der Kleine)
Pico
italien. Form zu Picus
Picus
lat. (Waldspecht)
Pidder
fries. Form zu Peter
Pier
fries. und niederländ.
Form zu Peter
Piero
italien. Form zu Peter
Pierre
französ. Form zu Peter
Pietro
italien. Form zu Peter
Pik
Pilatus
röm. Landpfleger
Pilot
Pim niederländ. Kurz-
form zu Wilhelm

Pindar
Pinkas, Pinkus
hebr. (der Gesegnete)
Pinoccio
Märchenfigur
Pippo italien.
Form zu Philipp
Pirat
Pit, Pitt, Pitter
rhein. Form zu Peter
Pjotr
russ. Form zu Peter
Platino
Playboy engl.
(Lebemann, Luftikus)
Player
engl. (Spieler)
Plisch, Plum
Pluto
griech. Gott des Reichtums und der Unterwelt
Poker
amerikan. (Kartenspiel)
Pol, Pole
fries. Form zu Paul
Polaro
Poldi
Kurzform zu Leopold
Pollux
griech. Sagenheld
Ponti
Porter
engl. (Gepäckträger, Pförtner)
Potux
Power
engl. (Kraft, Macht)
Powerplay
engl. (Angriffspiel)

Prillo, Prilu
Primo, Primus
lat. (der Erste)
Print
engl. (Druck, Spur)
Prinz
Prosper
lat. (der Glückliche)
Prus, Prux
Pua, Puah
fries. Form zu Paul
Puck
engl. (Kobold, Eishockeyspielscheibe)
Pucky
Purston
Purzel
Puskas
Pux
Pyrit

Q

Quade, Quader
Quadragon
Quadrangel
lat. (Baukunst, Viereck)
Quadrant
lat. (Viertelkreis)
Quadrupède
franz. (Vierfüßler)
Quaff
Quaggy
engl. (sumpfig)
Quai
französ. (Uferstraße)
Quäker
Sektenmitglied

Quality
engl. (Qualität)
Quandino, Quando
Quanero
Quang
Quant
lat. (kleinste
Energiemenge)
Quanto, Quantos
Quarrel
engl. (Zank, Streit)
Quarz
Mineral
Quas, Quasi
Quasso
Quast
Borstenbüschel
Quatos
Quatsch
Quaver
Quell
Quendel
Feldthymian
Queno, Quent
Queri
Querzetin
Question
engl., französ. (Frage)
Quetzal
Urwaldvogel
Quex
Quick
engl. (schnell)
Quickboy
engl. (schneller Junge)
Quickstep
Tanz
Quid
engl. (Priem)

Quido
Quiggo
Quill
engl. (Federkiel, Stachel)
Quinar
röm. Münze
Quincy, Quint
Kurzform zu Quintus
Quintal
Quintar
Quintin
Quintinus
Weiterbildung zu Quintus
Quinto italien.
Form zu Quintus
Quintus
lat. (der Fünfte)
Quip
engl. (Stichelei, Witz)
Quiqueg
Quiranus
Nebenform zu Quirinus
Quirin
Kurzform zu Quirinus
Quirinus
lat. (der Lanzen-
schwinger)
Quirk
engl. (Spitzfindigkeit)
Quirl, Quirll
Quiro
Quisi
Quisidor
Quisum
Quite engl. (ganz,
völlig)
Quito
Quitsch
Quidam

Quitter
engl. (Drückeberger)
Quotar, Quotus
Quovadis
lat. (wohin gehst du?)

R

Rab
Rabbi
hebr. (jüdischer Gesetzes-
lehrer)
Racer
engl. (Rennpferd,
-wagen)
Racker
Radek
slaw. Kurzform zu
Namen mit »Rad-«
Radolf
ahd. »rad« (Ratgeber)
und »wolf« (Wolf)
Radon
Radulf
Nebenform zu Radolf
Rafael
tschech. Form zu Raphael
Rafiki
Raglan
Ragnar
skand. Form zu Rainer
Ragus
Raimar, Raimer
Nebenform zu Reimar
Raimond, Raimund
ahd. »regin« (Rat, Be-
schluß) und »munt«
(Schutz)

Rain
engl. (Regen)
Rainald
Nebenform zu Reinold
Rainbow
engl. (Regenbogen)
Raindancer
engl. (Regentänzer)
Rainer
ahd. »regin« (Rat,
Bschluß) und »heri«
(Heer)
Rainier
französ. Form zu Rainer
Raki, Rakino
Rambler
engl. (Wanderer)
Rambo
Kurzform zu Rambald
Ramón
span. Form zu Raimund
Ramses
ägyptischer Königsname
Rancher
engl. (Viehzüchter,
Farmer)
Randal
engl. Form zu Randolf
Rando
Kurzform zu Namen mit
»Rand-«
Randolf, Randulf
ahd. »rant« (Schild) und
»wolf« (Wolf)
Rango
Rank
engl. (Reihe, Linie)
Ranko slowak.
(Frühaufsteher)

Raoul
französ. Form zu Radolf
Rappert
Nebenform zu Ratbert
Rappo, Rappold
Nebenform zu Ratbald
Raps
Raschid
Rasgar
Rasko
Rasmus
Kurzform zu Erasmus
Rasti
Raston
Ratbald, Ratbold
ahd. »rat« (Ratgeber) und
»bald« (kühn)
Räto, Rätus
Ratz
Raudi
Raul
Nebenform zu Raoul
Ray
Kurzform zu Raymond
Raymond
engl. Form zu Raimund
Real
engl. (real, wirklich)
Rebell
Reco
Red engl. (rot)
Regency
engl. (Regentschaft)
Reginald
engl. Form zu Reinold
Regis
Nebenform zu Remigius
Régnier französ. Form
zu Rainer

Reichard
Nebenform zu Richard
Reiko
fries. Kurzform zu
Namen mit »Rein-«
Reimar
ahd. »regin« (Rat, Be-
schluß) und »mari«
(berühmt)
Reimer
Nebenform zu Reimar
Reimo
Kurzform zu Namen mit
»Reim-«
Reinar
Nebenform zu Rainer
Reinecke, Reineke
Nebenform zu Reinke
Reinhard
ahd. »regin« (Rat, Be-
schluß) und »harti« (hart)
Reint, Reintje
Reke, Rekson
Rellino
Rembert, Remert
niederd. Form zu
Reimbert
Remo italien.
Form zu Remus
Renald
Renard
fries. Form zu Reinhard
Renato italien.
Form zu Renatus
René
französ. Form zu
Renatus
Renja
russ. Form zu Andreas

Renke, Renko
fries. Form zu Reinhard
Renner, Renno
Reno
Kurzform zu Renault
Renoir
Renold
Nebenform zu Reinhold
Renz, Renzo
Kurzform zu Lorenz
Rex engl. Kurzform zu
Reginald
Reza
Ribero
Ricardo
italien. Form zu Richard
Ricco
italien. Kurzform zu
Richard
Richard
ahd. »rihhi« (reich,
mächtig) und »harti«
(hart)
Rick, Ricky engl.
Kurzform zu Richard
Rickard, Rickert
fries. Form zu Richard
Rico, Riko
italien. Kurzform zu
Richard
Ridzard, Ridzert
fries. Form zu Richard
Riek niederd.
Form zu Frederik
Rienzo italien.
Form zu Laurentius
Rigo
Kurzform zu Namen mit
»Rig-«

Rimo, Rimon
Rin Tin Tin
berühmt gewordener
Schäferhund aus Film
und Fernsehen
Ringo
Kurzform zu Ringolf
Rio
Ripi
Rischer, Rischo
Risto
finn. Form zu Christoph
Ritchi
Kurzform zu Richard
Ritser, Ritserd, Ritsert
fries. Form zu Richard
River
engl. (Fluß)
Rix
niederländ. Kurzform zu
Heinrich
Robby
engl. Kurzform zu Robert
Robert
Nebenform zu Rupert
Roberto
italien. Form zu Robert
Robi, Robin
engl. Kurzform zu
Robert
Robkan
Rocco
italien. Form zu Rochus
Rocky amerikan.
Form zu Rochus
Rodeo
amerikan. Reiterschau
Rodger
Nebenform zu Rüdiger

Rodolfo
italien. Form zu
Rudolf
Rodolphe
französ. Form zu
Rudolf
Rodrigo
italien. und span. Form
zu Roderich
Rog, Rogi
Roland
ahd. »hruot« (Ruhm,
Ehre) und ahd. »lant«
(Land)
Rolf
Kurzform zu Rudolf
Romain französ.
Form zu Roman
Roman, Romanus
lat. (der Römer)
Romano
italien. Form zu
Roman
Romek
poln. Form zu Roman
Romeo
italien. Kurzform zu
Bartolomäus
Ron
Kurzform zu Ronald
Ronald
schott. Form zu Reinold
Ronnie, Ronny
engl. Koseform zu
Ronald
Roof
engl. (Dach)
Rorik
fries. Form zu Roderik

Rouven
Nebenform zu Ruben
Rowland
engl. Form zu Roland
Roxal
Roy
engl. Name unklarer
Bedeutung
Royal
engl. (königlich)
Rudgar, Rudger
Kurzform zu Rüdiger
Rudi, Rüdi
Kurzform zu Rüdiger
Rüdiger
ahd. »hruot« (Ruhm,
Ehre) und »ger« (Speer)
Rudolf
ahd. »hruot« (Ruhm,
Ehre) und »wolf« (Wolf)
Ruffy
Rufin
Nebenform zu Rufus
Rufinus, Rufus
lat. (der Rote)
Rul, Rulke
Kurzform zu Rudolf
Runar, Runo
Rusan
Rustin
Rüter
niederd. Form zu Ro-
thard
Rutger, Rüttger
Nebenform zu Rüdiger

S

Saboy
Sabros
Sadko
Sagou
Sacha, Sacho
Nebenform zu Sascha
Sailor
engl. (Seemann)
Saladin
arab. (Heil des Glaubens)
Salix
Salo
Salut
französ. (Ehrengruß)
Salvatore
italien. Form zu Salvator
Sam
Kurzform zu Samuel
Sambo
Sammy
engl. Kurzform zu
Samuel
Samset
Samson
hebr. (kleine Sonne)
Sander
engl. Kurzform zu
Alexander
Sandokan
Sándor
ungar. Form zu
Alexander
Sandro
italien. Form zu
Alexander
Sansilver

Santiboy
Saphir
Edelstein
Sapo
Saratoga
Sardo
Sarras
Saruk
Sascha
russ. Form zu Alexander
Sasso
niederd. (der Sachse)
Savoy
Scartop
Schalk, Schelm
Schnauzi
Schorsch
Nebenform zu Georg
Scout engl.
(Späher, Kundschafter)
Sebastian
griech. (der Verehrungs-
würdige)
Seimon
Nebenform zu Simon
Seipon
Sem, Semjon
russ. Form zu Simon
Senghi
Senico
Sent
fries. Kurzform zu
Vincent
Sepp
Kurzform zu Josef
Seppel
Nebenform zu Sepp
Serenus
lat. (der Heitere)

Sergeant engl., französ.
(Unteroffizier)
Serge
engl. und französ. Kurz-
form zu Sergius
Sergio
italien. Kurzform zu
Sergius
Sergius
röm. Sippenname
Severus
lat. (der Ernsthafte)
Shaman
Shane, Shannon
Shaolin
Sherry
engl. (span. Wein)
Shilestone
Sicabo
Sidon
Kurzform zu Sidonius
Siegfried
ahd. »sieg« (Sieg) und
»fridu« (Friede)
Sigi, Siggo, Sigo
Kurzform zu Siegfried
Sikko
Silat
Silko
männl. Form zu Silke
Silvan
Kurzform zu Silvanus
Silvano
italien. Form zu Silvanus
Silvanus, Silvius
lat. (Wald)
Silvester
lat. (der zum Wald
Gehörende)

Silvio italien.
Form zu Silvanus
Simbo
Simon
hebr. (Erhörung)
Sindbad
Märchenfigur
Sir
engl. Adelstitel
Sisto
italien. Form zu Sixtus
Six
engl. (sechs)
Sixtus
griech. (der Glatte)
Skio
Skipper
engl. (Kapitän eines
Sportbootes)
Skippi
Skuggi
Skyline engl. (Horizont-
linie, Silhouette)
Slavko
slowak. Kurzform zu
Namen mit »Slav-«
Sluggard
engl. (Faulpelz)
Smiling
engl. (lächeln)
Smoke
engl. (Rauch, Qualm)
Smoker
engl. (Raucher)
Smoulder
engl. (glimmen,
schwelen)
Snob
engl. (Angeber)

Snow
engl. (Schnee)
Solarius
Solver
Song
engl. (Lied, Gesang)
Sonny
Sophus
griech. (der Weise)
Sorbas
Sören
dän. Form zu Severin
Sotje
Special engl.
(besonders, speziell)
Speedy engl.
(der Schnelle, Flinke)
Spencer engl. Name
unklarer Herkunft
Squatter
engl. (Siedler)
Stachus
Kurzform zu Eustachius
Staff
engl. (Stab, Stock)
Stafke
Stan engl. Kurzform zu
Stanley
Stanley
engl. Name (Ortsbezeich-
nung)
Star
engl. (Stern, berühmte
Persönlichkeit)
Stardust
engl. (Sternennebel)
Starfire
engl. (Sternenfeuer)
Steen

Stefan
Nebenform zu Stephan
Stefano italien.
Form zu Stephan
Steffen niederd.
Form zu Stephan
Sten skand. (Stein)
Stenzel schles.
Form zu Stanislaus
Stephan
griech. (Kranz, Krone)
Stephen
engl. Form zu Stephan
Sterling
engl. Münzeinheit
Steve, Steven
engl. Form zu Stephan
Steward
engl. (Betreuer an Bord
von Flugzeugen und
Schiffen)
Stoffel, Stoffer
Kurzform zu Christoph
Stone
engl. (Stein)
Stoppel
Strolch
Stumpy
engl. (gedrungen, plump)
Sturmi
Kurzform zu Sturmius
Subs
Sullivan
Sultan
arab. (Herrscher)
Sunba
Süncke, Sunke,
Sunneke, Suno
fries. Form zu Söhnchen

Suntje, Suntke
fries. Form zu Söhnchen
Sven, Swen
schwed. (Knappe)
Sweetie
engl. (Süßer, Herzchen)
Sylvester
Nebenform zu Silvester
Sylvo
Nebenform zu Silvio
Szaba

T

Taboo
engl. (Tabu, Verbot)
Tade, Taelke
fries. Kurzform zu
Namen mit »Diet-«
Taiga
Talisman
Tallygold
Tamme, Tammo
fries. Form zu Dankmar
und Thomas
Tamuro
Tander
Tang
Tanko Nebenform zu
Dankwart
Tankred
normann. Form zu
Dankrad
Taps, Tapps
Taralee
Tarcus
Tarek
arab. Feldherrenname

Tarian
Tarmac
Taro
Tartan
Tassilo
Koseform zu Tasso
Tasso
italien. Form zu ahd.
»dahs« (Dächslein)
Tätse
Täve
schwed. Form zu Gustav
Tay
Tebbe, Tebbo
Kurzform zu Theobald
Teddy
engl. Kurzform zu
Eduard
Teetje, Teko
fries. Kurzform zu
Namen mit »Diet-«
Tell
Held der schweiz. Volks-
sage
Telmah
Temme, Temmo
fries. Form zu Dietmar
Teny, Tenzing
Tete, Tetje
fries. Kurzform zu
Namen mit »Diet-«
Teuderich
Tex
Thaisen fries.
Form zu Matthias
Thammy
Theis, Theiß
fries. Kurzform zu
Matthias

Themke
fries. Kurzform zu
Dietmar
Theo
Kurzform zu Theodor
und Theobald
Theobald, Theodebald
latinisierte Form zu
Dietbald
Theoderich
latinisierte Form zu
Dietrich
Theodolf
latinisierte Form zu
Dietwolf
Theodor
griech. (Gottesgeschenk)
Thetje niederd.
Form zu Theodor
Thewald
rhein. Form zu Dietwald
Thibaut
französ. Form zu Theo-
bald
Thiemo
Kurzform zu Thimoteus
Thierry
französ. Form zu Dietrich
Thies, Thieß
Kurzform zu Matthias
Thilo
Kurzform zu Tillmann
Thomas
hebr. (Zwillingsbruder)
Thorben
dän. Form zu Thorbjörn
Tialf, Tjalf
fries. Kurzform zu
Dietleib

Tiark, Tjark fries.
Kurzform zu Dietrich
Tiberius
lat. (dem Gott des Tibers
geweiht)
Tibor
ungar. Form zu Tiberius
Tiemo
Nebenform zu Timo
Till
Kurzform zu Dietrich
oder Ägidius
**Tim, Timbo, Timm,
Timmy, Timo**
Kurzform zu Thiemo
Timotheus
griech. (Verehrer der
Götter)
Tino
italien. Kurzform zu
Namen mit »-tino«
Tip, Tippi
Tipple
engl. (zechen)
Tito
italien. Form zu Titus
Tittle
engl. (Pünktchen,
Tüpfelchen)
Titus
lat. (Ruhm, Verdienst)
Toad
engl. (Kröte)
Toback
Tobby, Tobi
Kurzform zu Tobias
Tobias
hebr. (Jahwe ist mein
Gott)

Toddle
engl. (tapsen, watscheln)
Togo
Tom, Tommy
engl. Kurzform zu
Thomas
Toni, Tonio
Kurzform zu Antonio
Tonius
Kurzform zu Antonius
Tönjes, Tönni fries.
Kurzform zu Antonius
Tonkawa
Top
engl. (Gipfel, Höhepunkt)
Toplicht
Topper
engl. (Zylinder)
Topstar
engl. (Spitzenstar)
Topsyturvy
engl. (drunter und drüber)
Torben, Torbjörn
dän. Name unklarer
Bedeutung
Torgrimm
Tornado
Wirbelsturm
Torri, Torro
Tra, Tracy
engl. Name unklarer
Herkunft
Trailer
engl. (Spürhund, Ver-
folger)
Transhino
Traut
Kurzform zu Namen mit
»Traut-«

Travono
Tretun
Tristan
kelt. (Waffenlärm)
Trixer
Troll
Kobold
Tropique
französ. (tropisch)
Trudbert, Trudpert
ahd. »trud« (Kraft,
Stärke) und »beraht«
(glänzend)
Trudo
Kurzform zu Trudbert
True
engl. (wahr, reinrassig)
Trutz
Tuckle, Tuckles
Tudor
Tuffy
Tullio
Tunandus
Tunder
Tünnes
rhein. Form zu Anton
Turas
Twin
engl. (Zwilling)
Twist
engl. (Drehung, Tanz)
Twunko
Tyärk
fries. Form zu Tiark

U

Ubald
ahd. »hugo« (Sinn, Geist)`
und »bald« (kühn)
Ubalde
französ. Form zu Ubald
Ubbo, Ubbod, Ubo
Kurzform zu Ubald
Ubert rätoroman.
Form zu Odilbert
Ubondo
Uccini
Ucero
Udelar
Nebenform zu Adelar
Udo
Nebenform zu Otto oder
Ulrich
**Ufe, Ufert, Uffe, Uffke,
Ufko**
fries. Kurzform zu
Wolfbert
Ugo
Kurzform zu Hugo
Ugolino
Weiterbildung zu Ugo
Ugor
Uhtz
Uladh
Ulan, Uland
ahd. »uodal« (Erbe, Hei-
mat) und »land« (Land)
Ulando
Nebenform zu Uland
Ulbe, Ulbert
fries. Kurzform zu
Odilbert

Ulf
skand. (Wolf)
Ulfilas
Ulfrid, Ulfried
ahd. »uodal« (Erbe, Hei-
mat) und »fridu« (Friede)
Uli
Kurzform zu Ulrich
Ulixes
Ulk, Ulki
Ullanow
Ulli
Kurzform zu Ulrich
Ullisanto
Ullmann
ahd. »uodal« (Erbe, Hei-
mat) und »man« (Mann)
Ulmor
Ulöf
Ulrex
Ulric
Nebenform zu Ulrich
Ulrich
ahd. »uodal« (Erbe, Hei-
mat) und »rihhi« (reich,
mächtig)
Ulrik
niederd. Form zu Ulrich
Ulryck
Nebenform zu Ulrich
Ulsan
Ultimo, Ultimus
lat. (der Letzte)
Ultra
Ulysse, Ulysses, Ulyxes
lat. Form zu Odysseus
Ulzano
Umberto
italien. Form zu Humbert

Uncle
engl. (Onkel)
Underground
engl. (Untergrund)
Undido
Ungo
Unkas
Unlimited
engl. (unbeschränkt)
Unne, Unno, Uno
schwed. (gedeihen)
Uöf
Upensi
Upsilon
Uracco
Urach
Uran
Kurzform zu Uranus
Uranus
griech. Gott
Urban
Kurzform zu Urbanus
Urbanus
lat. (Stadtbewohner)
Urbin
Uri
Kurzform zu Urias
Uriah, Urias, Uriel
hebr. (Gott ist mein
Licht)
Urmel
Urs
Kurzform zu Ursus
Ursin
französ. Form zu Ursus
Ursinus
Nebenform zu Ursus
Ursio
italien. Form zu Ursus

Ursus
lat. (Bär)
Urt, Ury
Usmar
Nebenform zu Osmar
Ustang
Ustinov
Usvan
Utan
Uthelm
Uthuan
Uto
Nebenform zu Udo
Uve, Uwe, Uwo
fries. Kurzform zu
Namen mit »Ot-«
Uz
Kurzform zu Ulrich

V

Vache
Václaw
tschech. Form zu Wenzeslaus
Vadim
Vadun
Vagabund
Vaida
Vainqueur
französ. (Sieger)
Vajavo
Valdez
Valdinus
Valente, Valentino
italien. Form zu Valentin
Valentin
lat. (gesund, munter)

Valer, Valerian
Nebenform zu Valerius
Valerius
lat. (der aus dem Geschlecht der Valier)
Valle
Valrig
Valtin
Kurzform zu Valentin
Vangu
Vanlan
Vantus
Varallo
Varec
Varello
Varius, Varus
Vasa, Vasarey
Vasco
span. (der Baske)
Vasja
Nebenform zu Wasja
Vasko
Vatel
Vedett
Veit
Nebenform zu Vitus
Velten
Kurzform zu Valentin
Velvet engl. (Samt)
Vendor
Veneziano
Ventus
Verbi
Vercors
Verin, Verino
Vernay
Vhindhu
Vhuan
Vibes

Vic
Kurzform zu Viktor
Vicem
Vicente
italien. Form zu Vinzenz
Vicito
Vicking
Vico
Kurzform zu Viktor
Vicomte
französ. Adelstitel
Vidalgo
Vido
Nebenform zu Veit
Vigil
lat. (der Wachsame)
Vigo, Viko
Kurzform zu Viktor
Vigoleis
Vigos
Viktor
lat. (Sieger)
Vilius
Vilmar
ahd. »vilu« (viel) und
»mari« (berühmt)
Vilmos
ungar. Form zu Wilhelm
Vincent
Nebenform zu Vinzenz
Vincenzo
italien. Form zu Vinzenz
Ving
Vinki, Vinko
Vintent
Vinzenz
lat. (Sieger)
Virelevent
Vireo

Virgil
lat. Name unklarer
Bedeutung
Visko
Vit
Nebenform zu Veit
Vital, Vitalis lat.
(der Lebenskräftige)
Vito
italien. Form zu Veit
Vittorino
italien. Form zu Viktor
Vitulja
Vitus
lat. (der Willige)
Vivian, Vivianus
lat. (der Lebendige)
Vödur
Volbert, Volbrecht
Nebenform zu Volkbert
Volhard, Volkart
Nebenform zu Volkhart
Volkbert
ahd. »folc« (Kriegsschar)
und »beraht« (glänzend)
Volker, Volkert
ahd. »folc« (Kriegsschar)
und »heri« (Heer)
Volkhard, Volkhart
ahd. »folc« (Kriegsschar)
und »harti« (hart)
Volko
Nebenform zu Volker
Volmar
Nebenform zu Volkmar
Volpone
Volprecht
Nebenform zu
Volbrecht

Volrad, Volrat
Nebenform zu Volkrad
Voronoff
Vorton
Vougeot
Vox
lat. (Stimme, Laut)
Voyager
engl. (Reisender)
Vulkan

W

Wacho
Waidler
Walad
Waldemar
ahd. »waltan« (walten,
herrschen) und »mari«
(berühmt)
Waldmann
Waldo
Kurzform zu Waldemar
Waldomar
Nebenform zu Waldemar
Wallram, Walram
Nebenform zu Waltram
Walo
Nebenform zu Waldo
Walterus
lat. Form zu Walter
Waltram
ahd. »waltan« (walten,
herrschen) und »hraban«
(Rabe)
Wampie
Wanhex
Wanjid

Wanko
bulgar. Form zu Ivan
Warand
Kurzform zu Namen mit
»War-«
Waranio
Warnart, Warner,
Warnert
Nebenform zu Werner
Warwick
Wasali
Wasif
Wasja
russ. Kurzform zu
Wassili
Wasmond, Wasmot
Nebenform zu Wasmut
Wasmut
ahd. »wahsan« (wachsen)
und »munt« (Schutz)
Wassili, Wassilij
russ. Form zu Basilius
Wastl
Kurzform zu Sebastian
Wedig, Wedigo
fries. Kurzform zu
Namen mit »Wede-«
Weerd, Weetn fries.
Kurzform zu Wighard
Wegus
Weiart, Weierd, Weiert
fries. Form zu Wighard
Weigand
Nebenform zu Wigand
Weikhard
Nebenform zu Wighard
Weke, Weko
fries. Kurzform zu
Namen mit »Wed-«

Welf
ahd. (Tierjunges)
Welmot, Welmuth
fries. Form zu Wilmut
Wendel
Kurzform zu Namen mit
»Wendel-«
Werner
ahd. »wrjan« (wehren)
und »heri« (Heer)
Werno, Wernt
Kurzform zu Werner
Werro
Wesir
arab. (Minister des
Sultans)
Westfield
Wetop
Wheeler
Whiskey
Whisper
engl. (flüstern)
Whist
engl. Kartenspiel
White
engl. (weiß)
Wiar, Wiard
Wibald
Nebenform zu Wigbald
Wibo, Wibold, Wibolt
Nebenform zu Wigbert
Wichtel
Wicko
Widar
ahd. »witu« (Holz) und
»hari« (Kriegsvolk)
Wido, Widor
Kurzform zu Namen mit
»Wid-«

Wigge, Wigger, Wiggin
Kurzform zu Namen mit
»Wig-« oder »-wig«
Wilbo
Wildfang
Wilke, Wilken, Wilko
fries. Kurzform zu Wil-
helm
Will, Willem, Willi
Kurzform zu Wilhelm
William
engl. Form zu Wilhelm
Willibald
ahd. »willo« (Wille) und
»bald« (kühn)
Willy
engl. Kurzform zu
Wilhelm
Wilm
Kurzform zu Wilhelm
Wilmont
ahd. »willo« (Wille) und
»munt« (Schutz)
Wim
Kurzform zu Wilhelm
Wimar
Wimpie
Wims
Win
engl. (gewinnen)
Winald
ahd. »wini« (Freund) und
»waltan« (walten, herr-
schen)
Winimar
ahd. »wini« (Freund) und
»mari« (berühmt)
Winner
engl. (Gewinner)

Winnipeg
Winno
Kurzform zu Namen mit
»Win-«
Wippo
Wirbel
Wish
engl. (Wunsch)
Wispel
Witchwood
Wito
Nebenform zu Wido
Witzel
Wolf
Wolfbert
ahd. »wolf« (Wolf) und
»beraht« (glänzend)
Wolfer
Kurzform zu Wolfhard
Wolly
Wolter
Nebenform zu Walter
Woody
engl. (bewaldet, holzig)
Woray
Wotan, Wothan
german. Gott
Wulf
Nebenform zu Wolf
Wunibert
ahd. »wunna« (Freude)
und »beraht« (glänzend)
Wuschel
Wyn, Wyne
Kurzform zu Wyneken
Wyneken
fries. Form zu Winand

X

Xallo
Xanadu
Xander rätoroman.
Form zu Alexander
Xandrino
Xandur
Xanios
Xantes, Xantos
Xap
Xaro
Xarpan
Xaver
bask. (der vom Schloß
Xaverio)
Xaverius
lat. Form zu Xaver
Xelco, Xelo
Xenno, Xeno
Xenopat
Xenophon
Xenos
griech. (der Fremde)
Xent
Xeran
Xero
griech. (trocken, dürr)
Xerxes
griech. Form eines pers.
Königsnamens
Xexes
Xiko, Xilko
Ximoi
Xisan
Xix
Xmao, Xmor
Xorsastar

Xox
Xucator
Xylan
Xylino
Xylo, Xylon
griech. (Holz)
Xyro
Xystus
Xytto

Y

Yab
Yago
span. Form zu Jakob
Yahiel
Yaku
Yale
engl. Form zu Jale und
Jele
Yalk
Yambo
Yamil
Yamo
Yan
Nebenform zu Jan
Yanick, Yanneck,
Yannick
schweiz. Form zu Jakob
Yank
Yann
Yao
Yashe
Yashico
Yatai
Yax
Yazid
Ybsi

Yellow
engl. (gelb)
Yeoman
engl. (Grundbesitzer,
Milizsoldat)
Yesterday
engl. (gestern)
Yeti
legendärer Schneemensch
im Himalayagebiet
Yett
Yill
Yoco
Yogi, Yogin
Anhänger des Yoga
Yorick, Yorrick
Nebenform zu York
York
dän. Form zu Georg
Yoschek
Yoscho
Yoster
Young
engl. (jung)
Yours
engl. (deine)
Ypsi
Ypsilon
Yseneo
Yucatan
Yuci
Yuko
Yule
schott. Name unklarer
Bedeutung
Yulikstar
Yussof
Yvan
Nebenform zu Ivan

Yves
franzöz. Form zu Ive und
Ivo
Yvon
Nebenform zu Yves

Z

Zaccarelli
Zacharias
hebr. (Gott gedenkt)
Zack
Zadok
Zafor, Zakor
Zalo
Zambo
Zammert
fries. Form zu Dietmar
Zampa, Zampano
Zamperl
Zander
rätoroman. Form zu
Alexander
Zando
Zanker

Zantus
Zar
russ. Herrschertitel
Zarewitsch
Sohn eines russ. Zaren
Zarko
Zaro
Zarpan
Zarro
Zatro
Zdenko
tschech. Form zu
Sidonius
Zebulon
Zelko
Zeno
griech. (Geschenk des
Zeus)
Zenobi, Zenobius
Nebenform zu Zenus
Zentus
Zerberus
in der griech. Sage der
dreiköpfige Wachhund
an den Pforten der Unter-
welt

Zerbu
Zerno, Zero
Zerres
Zerset
Zessko
Zevino
Zico
Zigane
Zimpo
Zino
Zirrus
lat. (Haarlocke)
Zisko
Kurzform zu Franzisko
Zobel
Marder mit hochwer-
tigem Fell
Zodiak
Zoltán
ungar. Form zu Sultan
Zorro
Held von Comicstrips
Zsivang
Zujar
Zuvar
Zynaster

Namen für Hündinnen
von A bis Z

A

Aagawa
Abby
Abigail
hebr. (Vaterfreude)
Achat
Halbedelstein
Acynthia
Ada, Adda
Kurzform zu Vorn. mit
»Adal-«
Adela
Kurzform zu Adelheid
Aerin
Aerka
Afke
Afra lat. (afrikanisch)
Agascha
Aggi
Aglaia
griech. (Pracht, Glanz)
Agnese
Nebenform zu Agnes
Agnola italien.
Form zu Angela
Ahin
Aida
Opernfigur
Aika
Aina
finn. (immer)
Aischa, Aischer
Akai
Akeia
Akelei
Zier- und Wiesenpflanze
Akira

Akvas
Alanka
Alea
Alegra
Alena, Alene
ungar. Form zu
Magdalena
Aletta, Alette
fries. Form zu Adelheid
Alexa
Kurzform zu Alexandra
Alexandra
griech. (die Männer-
abwehrende)
Alexis
Kurzform zu Alexandra
Algitana
Alice
engl. Form zu Adelheid
Alida
Kurzform zu Adelheid
Aliki
Alina, Aline
slaw. Form zu Helene
Alischa, Alisha
Alison
Nebenform zu Alice
Alissa, Alyssa
Alita
Allini
Allona
Alma
lat. (die Nährende)
Almi
Alonka
Alpha
Alwa
Alwina, Alwine
weibl. Form zu Alwin

Alyvia
Amanda
lat. (die Liebenswerte)
Amata
lat. (die Geliebte)
Amba
Ambei
Amber
engl. (Bernstein)
Amelie
Kurzform zu Vorn. mit
»Amal-«
Amira
Amity
engl. (Freundschaft)
Amrai, Amrei
Amsel
Singvogel
Amuna
Amy
engl. Form zu Amata
Analishia
Anastasia griech.
(die Auferstandene)
Anatalya
Anchu
Ancu
Andara
Andorra
Andra
Kurzform zu Alexandra
Andrea
weibl. Form zu
Andreas
Andura
Anett, Annette
französ. Form zu Anna
Angel
Kurzform zu Angela

Angela
griech.-lat. (die Engel-
hafte)
Angelface
engl. (Engelsgesicht)
Angelina
italien. Form zu Angela
Angy
engl. Kurzform zu Angela
Ania
Nebenform zu Anja
Anica
slaw. Form zu Anna
Aniele
Anijka
Aniska
Anita
italien. Form zu Anna
Anja
russ. Form zu Anna
Anjuschka
russ. Koseform zu Anna
Anka
poln. Form zu Anna
Anke
fries. Form zu Anna
Annabel, Annabella
Doppelname aus Anna
und Bella
Ännchen
Koseform zu Anna
Anne
Nebenform zu Anna
Anneliese
Anni
Koseform zu Anna
Annika
schwed. Form zu Anna
Anouk

Anschi
Anthula
Antje
fries. Form zu Anna
Antoinette
französ. Form zu Antonia
Anuschka
poln. Koseform zu Anna
Aphra
Aphrodite
griech. Liebesgöttin
April
Ardy
Ariadne, Ariane
griech. (die Liebliche)
Arienne
Arina
Arisha
Arista
Kurzform zu Aristide
Aristide
griech. (die Beste, Vor-
nehmste)
Arlette
Armony
Arsina
Arstica
Aruischa
As
Asaof
Aschinnah
Ashley
Ashna
Asja
russ. Kurzform zu Ana-
stasia, Alexandra
Aska
Askia
Kurzform zu Saskia

Assia
Assy
Asta
Nebenform zu Anastasia,
Astrid, Augusta
Aster
Gartenblume
Asti
Astrid
skand. (schöne Göttin)
Astuce
Athene griech.
Göttin der Weisheit
Atinka
Atti
Audy
Aulad
Aurelia, Aurelie
röm. Sippenname (die
Goldene)
Aurora
röm. Göttin der Morgen-
röte
Avianca
Aviva
Avjella
Axa
Axinja
lat. (die Ungastliche)
Ayka
Ayleen
Ayrin
Aysha
Azia
Azteca
Azzra

B

Babette, Babs, Babsy
Koseform zu Barbara
Baby
Baccara
Kartenspiel
Baffy
Bagira, Baggira
Bahra
Baika
Baira
Bajana
Balivia
Baljana
Balle
Balou
Bambie
Banja
Banska
Bantje
Baranja
Barba
Barbarella
Bärbel, Barbro
Nebenform zu Barbara
Barina
Baronesse
ledige Tochter eines
Barons
Basra
Bassy
Batsy
Bauna
Bawa
Bay
engl. (Bucht)
Baya

Baydar
Be, Bea, Beag
Beate
lat. (die Glückliche)
Beautiful
engl. (schön)
Beauty
engl. (die Schönheit)
Bebette
Beelah
Beffin
Begga
Begie
Beke
Belinda
aus dem Engl. übernom-
mener Name
Belis
Belissa
Belissima
Bella
italien. (die Schöne)
Belladonna
italien. (schöne Frau)
Bellis
Bende
Benedikta
lat. (die Gesegnete)
Benia, Benja
Koseform zu Benedikta
Benita
span. Kurzform zu Bene-
dikta
Benta
Beppa
Bera
Bérénice
französ. Form zu
Berenike

Berenike
griech. (die Sieg-
bringerin)
Berida
Berta
weibl. Form zu Bert
Beryll
Edelstein
Bessi, Bessy
engl. Kurzform zu
Elisabeth
Bethli
Betta
Bettemie
Doppelname aus Betti
und Marie
Bettina, Bettine
Nebenform zu Elisabeth
Betsy, Betty engl.
Kurzform zu Elisabeth
Beverly
Bhahia
Bhoreen
Biala
Bianca, Bianka
italien. (die Weiße)
Bianea
Bibi
Bibiana, Bibijana
Nebenform zu Viviane
Bielke
Biene
Bienja
Bigge
Biggina
Biggy
Koseform zu Brigitte
Bijou
französ. (Schmuckstück)

Bilke
Billa, Bille
Kurzform zu Sibylle
Bimba
Bimble
Bin
Binky
Binna, Binny
Binoca
Binse
grasähnliche Pflanze
Binzporte
Biona
Birga
Kurzform zu Birgit
Biris, Birit
Birka, Birke
»die Glänzende«
Birona
Birthe
dän. Form zu Birgit
Biscaya
Bisonka
Bisoo
Bitta
Bitzi
Bize
Bjonda
Blada
Blanca
rätoroman. Form zu
Blanche
Blanche
französ. (die Weiße)
Blonda, Blondie
Bluebell engl.
(blaue Glockenblume)
Bluette französ.
(Feuerfünkchen)

Blümchen
Bo
Bodli
Boebe
Bona
lat. (die Gute)
Bonna, Bonny
Nebenform zu Bona
Bora
skand. (die Fremde)
Bounty
engl. (Großzügigkeit)
Brauny
Breda
Brenda
Briezi
Brindle
engl. (scheckig, bunt)
Bris
Briska
Britta
Kurzform zu Brigitte
Brixi, Brixy
Brona
Bruna
weibl. Form zu Bruno
Bryole
Bunny
engl. (Häschen)
Burgel
Kurzform zu Walburga
Burundi
Staat in Afrika
Burza
Buscha
Bussola
Busy
engl. (beschäftigt, belebt)
Byonta

C

Caddy
Cairella
Caisa
Cala
Calcutta
Caldonia
Calla
Zierpflanze
Calpina
Camberra
Camilla griech.
»gamelios« (festlich)
Campala
Campana
Can engl. (können)
Candice
Candida
lat. (die Weiße, Reine)
Candlelight
engl. (Kerzenlicht)
Candy
engl. Form zu Candida
Canny
Cante
Cantica
Caorice
Cara
lat. (die mir Liebe gibt)
Carenia
Caresse
Carette
Cariane
Caribic
Carica
Carin
Nebenform zu Karin

Carla
Nebenform zu Karla
Carmaid
Carmen
span. (Jungfrau vom
Berge Karmeln)
Carmina
Nebenform zu Carmen
Carmita
Carol
engl. Form zu Karola
Carola
Nebenform zu Karola
Caroline
Nebenform zu Karoline
Carpura
Carry, Cary engl.
Kurzform zu Karoline
Casana
Cascha
Cashira
Cassandra Nebenform
zu Kassandra
Cat
engl. (Katze)
Cathleen, Cathy
engl. Form zu Katharina
Cati
Nebenform zu Kati
Catima
Catina
Catinka
Nebenform zu Katinka
Catita
Catjuscha
Nebenform zu Katjuscha
Caymädi
Cecily
französ. Form zu Cäcilie

Celia
Kurzform zu Cäcilie
Cella
Kurzform zu Marcella
Cendra
Cendy
Centa
Nebenform zu Zenta
Ceresa
Cessy
Chacora
Chaila
Chakanda
Chancle
Chandina
Chanel
Chani
Channa
Charis
griech. (Anmut)
Charisma
besondere Ausstrahlung
Charissa
Charlene
Charme
bezauberndes Wesen
Charming
engl. (liebenswürdig)
Charry
Chelsy
Chemara
Chérie
französ. (Liebling)
Cheronne
Chessa
Chesty
amerikan. (eingebildet)
Chewl
Cheyenna

Chi
Chiassa
Chicitina
Chila
Chilenka
Chilja
Chira
Chiwa
Chiwitt
Cia
Cicely
Cicibella
Cilleine
Cilly
lat. Kurzform zu Cäcilia
Cina
Nebenform zu Sina
Cincinnatti
Cinderella
italien und engl.
(Aschenputtel)
Cindy
Kurzform zu Cinderella
Cinja
Cinola
Cinoly
Cinzia
italien. Form zu Cynthia
Cira
Circe
griech. Sagengestalt
Cisena
Ciska
Cissy
engl. Form zu Franziska
Cita, Citra
Citta
Claatje
Claex, Claexa

Clana
Clariko
Clarine
Claudette
französ. Form zu Claudia
Claudi
Kurzform zu Claudia
Claudia
weibl. Form zu Claudius
Cleany
Cleo
Clivia
Zierpflanze
Cloe
Cobana
Coeur
französ. (Herz)
Coeuri
Coeurletion
Coeurmee
Coletta
Kurzform zu Nicoletta
Colette
französ. Form zu Coletta
Colima
Colombine
französ. Form zu
Kolomba
Conny
engl. Koseform zu
Cornelia
Copa
Copuntry
Cora
Kurzform zu Cordula
oder Corinna
Coracon
Corby
Cordena

Corfine
Corinna
griech. (Mädelchen)
Corrie
Corrita
Cosema
Cosette
Cosima griech.
(die Geschmückte)
Cosine
italien. (kleines Ding)
Cosma
Courante
Crea
Crischa
Crisma
Cristaev
Crown
engl. (Krone)
Csiko
Csinos
Cucky
Cun
Curiella
Cyardas
Cybille
Cyga
Cynthia
griech. (die vom Berg
Cynthos Stammende)
Cyrilla
Cytha

_____ **D** _____

Dadastra
Daffy
Daga

Daggi
Koseform zu Dagmar
Dagmar
dän. »dano« (gut) und
ahd. »mari« (berühmt)
Dagny
skand. Form zu Dagmar
Daika
Daily
engl. (täglich)
Daisy
engl. (Gänseblümchen)
Dakota
Indianerstamm
Dalli
poln. (schnell)
Dalma
Damaris
griech. (Gattin, Geliebte)
Damiana
Dana
slaw. Kurzform zu
Daniela
Danae
griech. Sagengestalt
Dancing
engl. (tanzen)
Danella
Nebenform zu Daniela
Danila
Nebenform zu Daniela
Danja
slaw. Form zu Daniela
Danjo
Danka
weibl. Form zu Danko
Danna
slaw. Form zu Daniela
Danterry

Danuta
poln. Form zu Daniela
Dany
französ. Kurzform zu
Daniela
Daphne
griech. Nymphe der
Mythologie
Dapira
Dara
Daretta
Dargard
Daria
griech. (die Mächtige)
Darik
Darja
russ. Form zu Daria
Darlene
Darling
engl. (Liebling)
Dasha
Daswina
Dathydog
Dauphine
Davida
weibl. Form zu David
Davina
schott. Form zu Davida
Dawn
engl. (Morgendämmerung)
Dayata
Dayna
Dea
Kurzform zu Andrea
Deb, Debby engl.
Kurzform zu Debora
Deba
Kurzform zu Debora

Debeka
Debir, Debra
engl. Form zu Debora
Deborah
hebr. (die Fleißige)
Defendi
Deistra
Deity
Deka
Dela, Dele
Kurzform zu Adele
Delana
Delia
Beiname der griech.
Göttin Artemis
Delibab
Delilah
engl. Form zu Dalilah
Della
Kurzform zu Adele
Delmonda
Delmonica
Delyka
Dema
Demelza
Demoiselle
französ. (Fräulein)
Dénise französ.
Form zu Dionysia
Denti
Deodora
Dequinta
Derchen
Derna
Deru
Dery
Desdemona
Frauengestalt bei
Shakespeare

Désirée französ.
Form zu Desidera
(die Erwünschte)
Desna
Desperance
Desphina
Dessa, Dessi
Desy
Detina
Dewi
Dialynne
Diana
röm. Jagdgöttin
Dianaria
Nebenform zu Diana
Diasta
Dibah
Dictima
Dillrosy
Dilly
Dina
hebr. (die Richterin)
Dinette
Diona
Diste
Ditta, Ditty
Kurzform zu Dietburg
Diva
italien. (die Göttliche)
Dixie
Dizzi
Djuba
Dobry
slaw. (gut)
Dodo
Kurzform zu Doris
Doeska
Doggy
Dohna

Dolce
italien. (sanft, lieblich)
Dolcessa
Dolea
Dolli, Dolly
engl. Kurzform zu
Dorothea
Dolores
span. Beiname der Mutter
Maria
Doma
slaw. Kurzform zu
Dominika
Domaine
französ. (Besitztum, Gut)
Domina
lat. (Herrin, Stiftsvor-
steherin)
Domka
Donga
Kurzform zu Antonia
Donica
Donie
Donja
Donka
bulgar. Form zu Donata
Donna
italien. (Herrin)
Donny
Dora
Kurzform zu Dorothea
Dorett
französ. Kurzform zu
Dorothea
Doris, Dorle, Dörte
Kurzform zu Dorothea
Dorthy
Dory
Dötje

Dötzchen
Double engl., französ.
(Doppelgänger, Ebenbild)
Douchka
Doxa
Doye
Draffi
Draga
Dralle
Dream
engl. (Traum)
Dronella
Druxi
Drzemka
Dubia
Dublee
französ. (Edelmetall-
überzug)
Ducata
Dude
Dudu
Dürte
niederd. Kurzform zu
Dorothea
Dufina
Dufke
Duglora
Duniza
Dunja
slaw. Form zu griech.
»eudokia« (die Hoch-
geachtete)
Dusa
Duscha
Duschenka
Duschka
Dusja
Duszka
Duyve

E

Early
engl. (früh)
Ebba
Kurzform zu Namen mit
»Eber-«
Eberta Nebenform zu
Eberharde
Ebony
engl. (Ebenholz)
Ecaga
Eda, Edda
Kurzform zu Namen mit
»Ed-«
Ederna
Edina
hebr. (Zierde, Wonne)
Edira, Edissa
Editha
Nebenform zu Edith
Edla
Edna hebr.
(Wonne, Entzücken)
Edunja
Edwina
weibl. Form zu Edwin
Eefke
Effi
Kurzform zu Elfriede
Efiana
Egoma
Ehmi
Eibe, Eiche
Eicka, Eicke
Eike
fries. Kurzform zu
Namen mit »Adal-«

Eila Kurzform zu
Elisabeth und Helene
Eileen
engl. Form zu Helene
Eina
Eirene
Eiske
Eixna
Eixua
Eka
Kurzform zu Namen mit
»Eck-«
Eky
Ela
Kurzform zu Elisabeth
Elana
Elba
Elcide
Eldithe
Eleanor
engl. Form zu Eleonore
Elegance, Élégance
engl., französ. (Eleganz,
Anmut)
Eleisa
Elektra
griech. Sagengestalt
(die Strahlende)
Elena
Nebenform zu Helene
Eleske
Elfe, Elfie
Kurzform zu Elfriede,
auch: Naturgeist
Elfra
Elfrun
Nebenform zu Albrun
Elga
Kurzform zu Helga

Elgani
Elgin
fries. Form zu Adelheid
Elian
weibl. Form zu Elias
Eliane
Elida
skand. (Schnellsegler)
Eliette
Elina
skand. Kurzform zu
Helene
Elinda
Elionor
Nebenform zu Eleonore
Elishma
Eliska
Elizar
Elka, Elke fries.
Kurzform zu Adelheid
Ellen
engl. Form zu Helene
oder Eleonore
Ellince
Elly Kurzform zu
Eleonore und Elisabeth
Elna
schwed. Form zu Helene
Elodie
Elonka, Eloska
Elrike
Nebenform zu Adelrike
Elsa, Elsi
Kurzform zu Elisabeth
Elvira
span. (die Erhabene)
Elwine
Nebenform zu Alwine
Elza

Emama
Emanuela
weibl. Form zu Emanuel
Emely, Emily
engl. Form zu Emilia
Emmelie
Emmi, Emmie
Kurzform zu Emilie
Ena
Kurzform zu Helene
Engela
Nebenform zu Angela
Engla
Kurzform zu Angela
Enkea
Enna
fries. Kurzform zu
Namen mit »Agion-«
Ennora
Enoma
Enrica
weibl. Form zu Enrico
Eowyna
Epaulette
französ. (Schulterstück
auf Uniformen)
Erbida
Ergare
Erika weibl. Form
zu Erik und Erich
Erischa
Erle
Erma
Nebenform zu Irma
Ernis
Ersi
Erta
Escarla
Eschna

Eska
Eskava
Eske
Esmeralda
span. Tanz, auch
Smaragd
Espe
Espera
Esprit
französ. (Geist, Witz)
Esta
Kurzform zu Esther oder
Estella
Estella
span. (Stern)
Esterna
Esther, Ester
pers. (Stern)
Esti
Estra
Estrelli
Estrid
dän. Form zu Astrid
Esy
Etelka
Eth
Etna
Ettina
Euita
Europa
Euryke
Eva
hebr. (die Lebenspen-
dende)
Evalina, Evi
Nebenform zu Eva
Evita
span. Form zu Eva
Eyka

Eylet
Eylin
Eyline

F

Fabia
weibl. Form zu Fabius
Fabienne
französ. Form zu Fabia
Fabiola
Weiterbildung zu Fabia
Fabrizia
Faby
Face
engl. (Gesicht)
Facette
Faethusa
Fae
Fair engl.
(schön, hell, redlich)
Fajara
Falka
weibl. Form zu Falk
Fame
engl. (Ruhm)
Fameur
Famous
engl. (berühmt)
Fanfare
Blasinstrument
Fanny engl.
Form zu Franziska
Farah arab.
(Freude, Lustbarkeit)
Faraud
Farfolla
Fari, Faria, Farina

Farni
Farouchka
Farzanek
Fascination
engl. (Zauber, Reiz)
Fatal
lat. (verhängnisvoll)
Fate
engl. (Schicksal)
Fatima, Fatma
arab., Bedeutung unklar
Fattori
Fatum
lat. (Schicksal)
Fausta
weibl. Form zu Faust
Faxa, Faxi
Fea
Fedora
russ. Form zu Theodora
Fee
Kurzform zu Felicitas
Feela, Fela, Felia
Felicia
Felicitas
lat. (die Glückliche)
Felina, Felize
Kurzform zu Felicitas
Feloni
Femke
Femme französ. (Frau)
Fengazi
Fenja
fries. Form zu ahd.
»frede« (Schutz)
Feodora russ.
Form zu Theodora
Ferhild
Nebenform zu Farhild

Fernanda
Nebenform zu
Ferdinande
Fernke
Ferra, Ferry
Festa
Fianca
Fiddi
Fidelia
weibl. Form zu Fidelio
Fieke
Kurzform zu Sophia
Fienchen, Fifi
Koseform zu Sophia
Filla
Fina, Fine
Kurzform zu Josephina
Finette
Finny
Fintona
Fiola
Fion gälisch (schön)
Fipsi
Firefly
engl. (Leuchtkäfer)
First
engl. (die Erste)
Fita, Fitt fries. Kurzform
zu Friederike
Flair
engl., französ. (Spürsinn,
feine Nase)
Flame
engl. (Flamme)
Flavia
lat. (die Blonde)
Fleur
französ. Form zu Flora
Fleury

Flincka
Flocky
engl. (flockig)
Floh
Flora
lat. (Blüte)
Floria, Florida, Florina,
Florine
Nebenform zu Flora
Floris
Flory
Floss engl.
(flaumig, seidenweich)
Flower
engl. (Blume)
Flure
Fly
engl. (fliegen)
Folina
Folke
fries. Kurzform zu
Namen mit »Volk-«
Folly
engl. (Torheit)
Foma
Fontaine französ.
(Quelle, Fontäne)
Fontanera
Forest
engl. (Wald)
Fortuna
röm. Glücksgöttin
Foxi
Frame
engl. (Rahmen)
Franca
Nebenform zu Franka
Francis, Francy
engl. Form zu Franziska

Franka
weibl. Form zu Frank
Frankhild
Fränzi
Koseform zu Franziska
Franziska weibl.
Form zu Franziskus
Frauke
fries. (Frauchen)
; ahd.
»fraw« (fröhlich)
Freda
weibl. Form zu Fred
Freica
Freja
german. Göttin
Fricka, Frika
fries. Form zu Friederike
Frida, Frieda
Kurzform zu Elfriede
Frigga schwed.
Kurzform zu Friederike
Frista
Frizzi
Kurzform zu Friederike
Frodine
Frone
Frony
Kurzform zu Veronika
Frosina
Fulberta
weibl. Form zu Volkbert
Fulica
Fulka
Fulvia
lat. (rotgelb)
Fumia
Funny
engl. (spaßig, komisch)

G

Gabei
Gabi
Kurzform zu Gabriele
Gabrielle
weibl. Form zu Gabriel
Gadele
Gadja
Gaga
Gahna
Gaiet, Gaiety
Gaischa
Galaxie
griech. (Sternsystem)
Galdina
weibl. Form zu Galdino
Galina
russ. (die Friedliche)
Galmora
Galva
Galypso
Gamela, Gamely
Gan, Gana, Ganja
Gay
engl. (lustig, lebhaft)
Gaze pers. (durchsichtiges Gewebe), engl.
(starrer Blick)
Geba, Gebina
fries. Form zu Gebharde
Geel
Geja
Gela
Kurzform zu Angela
und Gertrud
Gemma
lat. (Edelstein)

Gemse
Ziegenart
Genia
Kurzform zu Eugenie
Genoveva
Vorname unklarer
Herkunft
Georgette
französ. Form zu Georgia
Georgia
weibl. Form zu Georg
Geraldine
Nebenform zu Geralde
Gerdi, Gerdy, Gerti
Nebenform zu Gerda
Gerlis
Germa
Germone
Gerritje fries. Form zu
Gerharde
Gertraud
Nebenform zu Gertrud
Gesa, Gescha
fries. Form zu Gertrud
Gessy
Getela
Gia, Gianna
italien. Form zu Johanna
Gieta
Gigi, Gigy
Gila, Gill, Gilla
Kurzform zu Gisela
Gilda, Gilka
Gilva, Gilvi
Gimly
Gimmick
engl. (Trick, Knüller)
Gina
weibl. Form zu Gino

Ginette
Ginger
engl. (Mut, Schneid)
Ginny
Giovanna italien.
Form zu Johanna
Gipsy
engl. (Zigeunerin)
Girlfriend
engl. (Freundin)
Gisa
Kurzform zu Gisela
Gisela
Vorname unklarer
Bedeutung
Gismara
Gitta, Gitti
Kurzform zu Brigitte
Give
engl. (geben)
Gladys engl. weibl.
Form zu Claudius
Glamour
engl. (Glanz)
Glaysa
Glenda
Glora
Gloria
lat. (Ruhm)
Glory
engl. (Herrlichkeit)
Goda, Godela
fries. weibl. Form zu
Gottlieb
Godiva
Gola
weibl. Form zu Golo
Golda
hebr. (die Goldige)

Golden
Goncha
Gonda
Nebenform zu Gunda
Gondela
Nebenform zu Gundula
Gosina
fries. (kleine Gotin)
Gosta
Kurzform zu Auguste
Gotje
fries. Form zu Gottlind
Goya, Goyana
Grace
engl. Form zu Gratia
Grandee
Grandezza italien.
(würdevolles Benehmen)
Granja
Grassy
engl. (grasbedeckt)
Gratia
lat. (die Anmutige)
Graymore
Great
engl. (groß, gewaltig)
Greet
engl. (Gruß)
Greka
Grenja
Grex
Grey
engl. (grau)
Grille
Grin
engl. (grinsen, die Zähne zeigen)
Grit
Kurzform zu Margarethe

Griselda
Grizella
Grübchen
Grumla
Gudrun
ahd. »gunt« (Kampf) und »runa« (Geheimnis)
Gulja
Gunda, Gundel,
Gundula Kurzform
zu Namen mit »Gund-«
Gurli
Guscha
Guschenka
Gussy
Guste, Gustel
Kurzform zu Auguste
Gutrune
Nebenform zu Gudrun
Gutta
Guyane
Gwai
Gwenda
Kurzform zu Gwendolyn
Gwendolyn
kelt. (die Weiße)
Gyami

H

Haaja
Hadburg, Hadburga ahd.
»hadu« (Kampf) und »bergan« (bergen, schützen)
Hadelind, Hadelinde
ahd. »hadu« (Kampf) und »linta« (Schutzschild aus Lindenholz)

Hadira, Hadiya
Hadja
Haduwig, Hadwig
Nebenform zu Hedwig
Hafren
Haggai, Haggi
Haifa, Haika
Haila
Nebenform zu Heila
Hairless
engl. (kahl)
Hairy
engl. (behaart)
Haitje
fries. Kurzform zu Namen mit »Hag-«
Haline, Halinka, Halka
poln. Kurzform zu Helene
Hamara
Hamona
Hanako
Hanana
Hanja
Nebenform zu Hanna
Hanka, Hanke
slaw. Form zu Hanna
Hanna, Hanne
Kurzform zu Johanna
Hannedore
Doppelname aus Hanne und Dore
Hannele, Hanni, Hanny
Koseform zu Hanna
Hansi, Hansine
Nebenform zu Hanna
Hara
Haralda
weibl. Form zu Harald

Hardra
Hark fries.
Kurzform zu Namen mit
»Har-« oder »Her-«
Harmenkea, Harmina
Nebenform zu Harmke
Harmony
engl. (Harmonie)
Harriet
engl. Form zu Henriette
Hartbertje
Häsel, Hasi
Hasjana
Hastra
Hathena
Hauk, Hauk fries.
Kurzform zu Huberta
Hazel
Nebenform zu Hedwig
Hebe
griech. Göttin der Jugend
Heda, Hedda
skand. Form zu Hedwig
Hede, Hedel
Kurzform zu Hedwig
Hedja
Hedwig
ahd. »hadu« (Kampf) und
»wig« (Kampf)
Heena
Heide
Kurzform zu Adelheid
Heidi, Heidina
Nebenform zu Heide
Heidje
Nebenform zu Haitje
Heidrun
ahd. »heit« (Gestalt) und
»runa« (Geheimnis)

Heika, Heike
fries. Form zu Adelheid
oder Henrike
Heila, Heile
ahd. »heil« (gesund)
Heilka, Heilke
Kurzform zu Namen mit
»Heil-«
Heima, Heime, Heimke
Kurzform zu Namen mit
»Heim-«
Heinke
fries. Form zu Henrike
Helanka
Helen
Kurzform zu Helene
Helena, Helene griech.
(die Sonnenhafte)
Helga skand.
(die Geweihte, Heilige)
Helgard
ahd. »heil« (gesund) und
»gard« (Schutz)
Heli, Heliane
Nebenform zu Helene
Hella
Kurzform zu Helene
Hellas
Griechenland
Hellwig
Helma, Helmina,
Helmine
Kurzform zu Wilhelmine
Helmora
Héloise
französ. Form zu
Helwidis
Helwig
skand. Form zu Hedwig

Hely
Kurzform zu Helene
Hendrika, Hendrike
weibl. Form zu Hendrik
Hendrina
Henny
engl. Kurzform zu
Henriette
Henriette
französ. Form zu Henrike
Hera
griech. (die Mächtige)
Herberta
weibl. Form zu Herbert
Herda
Herdis fries. Kurzform
zu Namen mit »Her-«
oder »Hart-«
Hermanna
weibl. Form zu Hermann
Hermi
Hermia
Kurzform zu Hermine
Hermina, Hermine
Nebenform zu Hermanna
Hester
Nebenform zu Esther
Hetty
Kurzform zu Hedwig
Hevora
Hexe
Hibisca
Hid fries.
Kurzform zu Hidegard
Hidra
Highnoon
engl. (12 Uhr mittags)
Hilaria
lat. (die Heitere)

Hilgary
Hilke, Hilla, Hille
fries. Kurzform zu
Namen mit »Hild-«
Hilma
Nebenform zu Helma
Hiltje, Hiltke
fries. Kurzform zu
Namen mit »Hild-«
Hiltrun
Nebenform zu Hildrun
Hinderika, Hindrika,
Hindrikje niederländ.
Form zu Henrike
Hinka
Hodina
Hola
Holda, Holdine, Holla
Nebenform zu Hulda
Honeymoon
engl. (Flitterwochen)
Hortensia
röm. Sippenname und
Zierstrauch
Hostess
engl. (Begleiterin, Gast-
geberin)
Hulda
ahd. »holda« (guter
weibl. Geist)
Hummel, Hummelchen
Hurry
engl. (Eile, Hast)
Huschel, Huschka
Hussa

I

Iagle
Ib
Kurzform zu Isabel
Iba
weibl. Form zu Ibo
Ibbe, Ibbo
Ibec
Iben
Ibiska
Icalina
Icaris
Icorina
Ida
Kurzform zu Zusammen-
setzungen mit »Ida-«
oder »Idu-«
Idaly
Ideal
Idis
Idle
engl. (wertlos, faul)
Idoris
Iduna altnord.
Göttin ewiger Jugend
Idylle
Ifea
Igella
Igga
Ignata, Ignatia
weibl. Form zu Ignatius
Ignes
Nebenform zu Agnes
Ijanka
Ildiko
Ileana, Ileane schwed.
Form zu Juliane

Ilex
lat. (Stechpalme)
Ilga
Kurzform zu Helga
Iljana
weibl. Form zu Ilja
Ilka, Ilke
ungar. Kurzform zu
Helene
Ilma
Ilona, Ilonka
ungar. Form zu Helene
Iloscha
Ilsabe
Ilsabeth
Ilse
Kurzform zu Elisabeth
Ilsebill
Nebenform zu Isabel
oder Doppelname aus
Ilse und Sibylle
Ilsegard
Doppelname aus Ilse und
Gerda
Ilske
Nebenform zu Ilse
Imatra
Imelda
Nebenform zu Irmhild
Imena
Imke
fries. Kurzform zu Imma
Imma, Imme
Kurzform zu Irma
Imoge
engl. Name unklarer
Herkunft
Imola
Impy

Ina
Kurzform zu Namen mit
»-ina« oder »-ine«
Indira
indisch (die Funkelnde)
Indra
italien. Form zu Indira
Ine
Kurzform zu Gesine
Ineke
fries. Form zu Ines
Ines
span. Form zu Agnes
Inga
skand. Form zu Ingeborg
Ingeborg
ahd. »ingwio« (german.
Gott) und »bergan« (bergen, schützen)
Ingela
Ingemaren
Doppelname aus Inge
und Maren
Inger
schwed. Form zu Ingrid
Inghild, Ingild
ahd. »ingwio« (german.
Gott) und » hiltja«
(Kampf)
Ingine
Ingru ahd. »ingwio«
(german. Gott) und
»runa« (Geheimnis)
Inja
Inka, Inken
fries. Kurzform zu
Namen mit »Ing-«
Innozentia
weibl. Form zu Innozenz

Insa
Kurzform zu Namen mit
»Ing-«
Inu
Inula
Inverness
Iona
Irca
Ireen
Nebenform zu Irene
Ireja
Irena, Irene
griech. Friedensgöttin
Irina
slaw. Form zu Irene
Iris
griech. (die Hurtige)
Irka
poln. Form zu Irene
Irma, Irmela
Kurzform zu Namen mit
»Irm-«
Irmgard
ahd. »irmin« (groß) und
»gard« (Schutz)
Irmi
Kurzform zu Irmgard
Irose
Irrwina
Isa
Kurzform zu Isabel,
Isolde oder Luise
Isabel span. und engl.
Form zu Elisabeth
Isabell, Isabella span.und
italien. Form zu Isabel
Isadora
Doppelname aus Isa und
Dora

Iseta
Isi
Isina
Isis
altägyptische Göttin
Isja
Iska
fries. Kurzform zu
Namen mit »Is-«
Iskra
russ. (Funken)
Islaya
Ismay
Ismene
Issy
Ita, Itta, Itte
Nebenform zu Ida oder
Jutta
Itzi
Ivett, Ivette
Nebenform zu Yvette
Ivinga, Ivinka
Ivonne
Nebenform zu Yvonne
Ivy engl. (Efeu)
Izebell

J

Jacarda
Jacasse
Jacinta, Jacintha
weibl. Form zu Hyazinth
Jacky
engl. Kurzform zu
Jaqueline
Jade
Schmuckstein

Jadwiga
poln. Form zu Hedwig
Jaffa
Jaffmee
Jagina
Jaimee
Jakobine
Nebenform zu Jakobe
Jalfine, Jalinde
Jalka
Jaloe
Jalta
Jama
Jana, Jane
weibl. Form zu Jan
Janett, Janetta, Janette
Nebenform zu Jeannette
Janie
Janika
bulgar. Form zu Johanna
Janina, Janine
poln. Form zu Jana
Janita
slaw. Form zu Johanna
Janka
ungar., bulgar. russ. Form
zu Johanna
Janna, Janne
Kurzform zu Marianne
Janneken, Jannetje
fries. Form zu Janne
Jannina
Nebenform zu Janina
Jantine
slaw. Form zu Johanna
Jaqueline
weibl. Form zu Jaques
Jarina
Jarka, Jarla

Jarste
fries. Kurzform zu
Namen mit »Ger-«
Jasmin
Zierstrauch
Jasta, Jastar
Javelinn
Jeanne französ.
Form zu Johanna
Jeannette
Nebenform zu Jeanne
Jeannie, Jeannine
Nebenform zu Jeanne
Jehanne
Jekaterina
russ. Form zu Katharina
Jelenka
slaw. Form zu Helene
Jelisaweta
russ. Form zu Elisabeth
Jelka, Jella
ungar. Form zu Helene
Jena
Jenna
Jennifer
kelt. (die Weiße)
Jenny
engl. Kurzform zu
Johanna
Jenth
Jeritzia
Jesefa
Jessica
hebr. »Yiskah« (Gott
sieht an)
Jessie, Jessy
engl. Kurzform zu Janet
Jetta, Jette
Kurzform zu Henriette

Jezabel
hebr. Form zu Isabel
Jibwe
Jill engl.
Kurzform zu Juliane
Jimco
Jindra
weibl. Form zu Jindrich
Jinn engl.
Koseform zu Johanna
Jipsy
Jiska, Jitka
Jitty
Joan
engl. Form zu Johanna
Jobanka
Johanna
weibl. Form zu Johannes
Jola, Jolan
Kurzform zu Jolanthe
Jolanda, Jolande
Nebenform zu Jolanthe
Jolanthe
griech. (Veilchen)
Jolda
Joleen
Jolita
Jolly
engl. (lustig, fröhlich)
Jona, Jone
Jorid
Jorina, Jorinna,
Jorinne
weibl. fries. Form zu
Gregor
Jorinde
Nebenform zu Georia
Jörna
weibl. Form zu Jörn

Josefina, Josefine
Nebenform zu Josepha
Josefita, Josenita
Josette
Josiane, Josianne
franzöz. Form zu Josefine
Josina
fries. Form zu Josefine
Josselin
Josta
weibl. Form zu Jost
Josy
Jourdou
Jovanka serbokroat.
Form zu Johanna
Jovita, Jowita
Joy
engl. (Freude)
Joyvita
engl. »joy« (Freude) und
lat. »vita« (Leben)
Jozina
Ju russ.
Kurzform zu Julia
Juanita
span. Form zu Johanna
Jubilee
engl. (Jubiläum)
Judith
hebr. (Frau aus Jehud)
Judy
engl. Form zu Judith
Juka
Jule
Kurzform zu Julia
Julia
röm. Sippenname
Juliana, Juliane
Weiterbildung zu Julia

Juliette
franzöz. Form zu Julia
Julika, Julischa,
Julischka
ungar. Form zu Julia
Julitta
russ. Weiterbildung zu
Julia
Julja
russ. Form zu Julia
Juma
Juno
röm. Himmelsgöttin
Jurena
Juschka, Juska
Justa
Jutta, Jutte
altnord. (die Jütin)
Juva, Juvia

K

Kachina
Kadia
Kaija
Kaila, Kaira
Kaja
fries. und schwed. Form
zu Karin
Kajane
Kajetane
weibl. Form zu Kajetan
Kalemety
Kalifha
Kalina
Kalla
Kalotte
Kama

Kamee
franzöz. (erhaben ge-
schnittener Schmuck-
stein)
Kamelie
Zierpflanze
Kandida
Nebenform zu Candida
Kanja
Kara
engl. Form zu Cara
Karda
Kurzform zu Ricarda
Karen, Karena
schwed. Form zu Karin
Karia, Karianne
Karin skand.
Form zu Katharina
Karina, Karine
Weiterbildung zu Karin
Karistna
weibl. Form zu Karsten
Karla
weibl. Form zu Karl
Karlina, Karline
Nebenform zu Karolina
Karola
Nebenform zu Karla
Karolin, Karolina,
Karoline
Weiterbildung zu Karola
Karry
Karsta niederd. Form
zu Christa
Karstine
niederd. Form zu
Christine
Kassandra
griech. Sagengestalt

Katalin, Katalina
ungar. Form zu Katharina
Katana
Kate, Kath, Kathy
engl. Form zu Katharina
Kateena
Katharina, Katharine
griech. (die Reine)
Käthe, Käthi
Kurzform zu Katharina
Kathleen engl.
Form zu Katharina
Kathmiga
Kati, Katia, Katie
Kurzform zu Katharina
Katina, Katinka
russ. Form zu Katharina
Katja, Katjana,
Katjuscha
russ. Form zu Katharina
Katka
ungar. Form zu Katharina
Katrin, Katrina
Nebenform zu Katharina
Katy, Katya
Kurzform zu Katharina
Kauty
Kayja
Kea
fries. Kurzform zu
Namen mit »-kea«
Kelly
Keneko
Kerbe
Kersta, Kersti
Kurzform zu Kerstin
Kerstina, Kerstine
Nebenform zu Kristine
Kesse

Kessi, Kessy
Nebenform zu Cassy
Ketty
engl. Form zu Kätter
Kibsy
Kidney engl.
(Veranlagung, Art)
Kiki
Kilda
Kim
engl.-irisch (Kriegs-
anführer)
Kimba
Kimble
Kira
Nebenform zu Kyra
Kirby
Kirkeldi
Kirsti
schwed. Kurzform zu
Kirsten
Kiska, Kiskus
Kismet
arab. (Schicksal)
Kiss
engl. (Kuß)
Kitty engl.
Koseform zu Katharina
Klara
lat. (die Berühmte)
Klarina, Klarine
Weiterbildung zu Klara
Klarissa
Weiterbildung zu Klara
Klaudia
Nebenform zu Claudia
Klea
griech. (die Berühmte)
Klenja

Kleopatra
griech. (vom Vater her
berühmt)
Kleopha
griech. (durch Ruhm
glänzend)
Klepa, Klera, Klere
Kurzform zu Kleopatra
Klescha
Klitze
Knieja
Kolumbana
Konda
Kurzform zu Konrada
Konny
Nebenform zu Conny
Konrada
weibl. Form zu Konrad
Koppera
Kora
griech. (Mädchen)
Koralle
Kordia
Kurzform zu Konkordia
Korinna
Weiterbildung zu Kora
Korolla
griech. (Blumenkrone)
Korona griech.-lat.
(Kranz, Krone)
Kosa
Koseita
Kosi
Kralle
Krischa, Krischka
Krista
Nebenform zu Christa
Kristina
Nebenform zu Christina

Kristy
Kurzform zu Krista
Krone
Krutinna
Kvana
Kyra
griech. (Frau aus
Kyrenaika)
Kyrilla
weibl. Form zu Kyrill
Kysa

L

Lada
slaw. Kurzform zu
Ladislawa
Ladaleh
Ladina, Ladinka
Weiterbildung zu Lada
Lady
engl. (Dame)
Lafayette
Laika, Laisa
Lala
russ. Kurzform zu
Ladislawa
Lale
Lallform zu weibl. Vorn.
mit »-alie«
Lana
russ. Kurzform zu Namen
mit »-lana«
Landine
Lane
Lanett
Lanka
Lanze

Lapis
Lara russ.
Kurzform zu Laura
Larissa
griech. (Frau aus Larissa)
Laroche
Lasara
Laska
Lassie
durch Film und Fern-
sehen bekannt gewordene
Colliehündin
Lätitia
lat. (Freude)
Latra
Lauda
Laura, Laure
italien. Kurzform zu
Laurentia
Laurentia
lat. (Frau aus Laurentum)
Laurette
französ. Form zu Laura
Lavinia
lat. (Gattin des Äneas)
Laxa
Lea
hebr. (Wildkuh)
Leda
griech. Sagengestalt
Lee
Kurzform zu Eleonore
Lei
rhein. Kurzform zu
Adelheid
Leika
Lelia italien.
Kurzform zu Helene
Lema

Lena
Kurzform zu Magdalena
oder Helene
Leonarda, Leonharda
weibl. Form zu Leonhard
Leonia, Leonie
weibl. Form zu Leo
Leonida, Leonidia
weibl. Form zu Leonid
Léonille
französ. Form zu Leonia
Leontine
lat. (die Löwenstarke)
Leopolda
weibl. Form zu Leopold
Lerche
Lervi
Leska
Leslie, Lesley
engl. Name unklarer
Bedeutung
Lessa
Letje
fries. Form zu Adelheid
Letta
Kurzform zu Violetta
Letteke, Letti, Lettie,
Letty fries.
Form zu Adelheid
Lexa
Kurzform zu Alexandra
Ley, Leya
Li, Lia
Kurzform zu Elisabeth
oder Julia
Liane
Kurzform zu Juliane
Liberty
engl. (Freiheit)

Libeth, Lisbeth
Kurzform zu Elisabeth
Libica
Libresse
Libussa
slaw. (Liebchen)
Lida, Liddi, Liddy
Kurzform zu Lydia oder
Adelheid
Lidewei
Lidwina, Lidwine
Nebenform zu Ludwina
Liebling
Lies, Liesa, Liesbeth
Kurzform zu Elisabeth
Liese, Liesel, Liesl
Kurzform zu Elisabeth
Light engl. (flink,
sanft, leicht)
Lil, Lili
Kurzform zu Lilian oder
Elisabeth
Lilian, Liliane engl. Wei-
terbildung zu Lilly
Lilith babylonisch
(die Nächtliche)
Lilly engl. Kurzform zu
Karoline, Elisabeth oder
Julia
Lillyfee
Lilo
Kurzform zu Lieselotte
Limba
Lina
Kurzform zu Namen mit
»-lina« oder »-line«
Linda, Linde
Kurzform zu Namen mit
»-lind«

Linette
franzöz. Form zu Lina
Liping
Lira, Liri
Lirza
Lis, Lisabeth, Lisbeth
Kurzform zu Elisabeth
Lisenka slaw.
Kurzform zu Elisbeth
Lisia
italien. Form zu Lisa
Lisianne
Liska
Lissa, Lisse, Lissi
Kurzform zu Elisabeth
Lissy
engl. Kurzform zu
Elisabeth
Little
engl. (klein)
Litzi
Liv
altisländ. »hlif« (Wehr,
Schutz)
Livia
lat. (Frau aus dem
Geschlecht der Livier)
Living
engl. (lebendig)
Liz, Lizzy engl.
Kurzform zu Elisabeth
Loisa
Kurzform zu Aloisa
Lola
span. Kurzform zu Char-
lotte oder Dolores
Lolita, Lolitha
Weiterbildung zu Lola
Lona

Loni, Lonni
Kurzform zu Apollonia
oder Leontine
Lora, Lore
Kurzform zu Eleonore
Lorella, Loretta
Weiterbildung zu Lora
Lori, Lorina
italien. Kurzform zu
Laurentia
Louise
franzöz. Form zu Luise
Love
engl. (Liebe)
Luc
Kurzform zu Lukretia
Luca, Luce
Kurzform zu Lucia
Lucette
franzöz. Form zu Luca
Lucia, Lucie
Nebenform zu Luzia
Lucilla, Lucille
Weiterbildung zu Lucia
Lucy
engl. Kurzform zu Luzia
Ludmilla
slaw. (die beim Volk
Beliebte)
Luisa
italien. und span. Form
zu Luise
Luisella, Luiselle
Koseform zu Luise
Lulu
Kurzform zu Luise
Lutra
Luxi
Luzindi

Lydia
griech. (Frau aus Lydien)
Lynn
Kurzform zu Marilyn

M

Mabel
Kurzform zu Amabel
Mabella
Weiterbildung zu Mabel
Madalena
italien. Form zu
Magdalena
Madame
französ. (gnädige Frau)
Madeleine
französ. Form zu
Magdalena
Madge
engl. Kurzform zu
Margarethe
Mädi
Madina
Madlene
Kurzform zu Magdalena
Mady engl.
Kurzform zu Magdalena
Mafalda italien.
Form zu Mathilde
Mag, Maggie, Maggy
engl. Kurzform zu
Margarethe
Magali
Magda, Magdalen
Kurzform zu Magdalena
Magdalena, Magdalene
hebr. (Frau aus Magdala)

Magdali
Kurzform zu Magdalena
Magic
engl. (magisch,
zauberhaft)
Magnolia
Zierbaum
Mahala
Maharani
ind. Fürstin
Mai, Maia
fries. Nebenform zu
Maria
Maideern
Maidie, Maidy
Maie, Maika, Maiken
fries. Nebenform zu
Maria
Maja
röm. Wachstumsgöttin
Malaika
afrikanisch (Engel)
Malanka
Malberta
Kurzform zu Amalberta
Male
Kurzform zu Amalberga,
Amalie oder Malwine
Malenka
russ. Form zu Melanie
Mali, Malin, Malina
schwed. Kurzform zu
Magdalena
Malinda, Malinde
engl. (die Edle)
Maline
engl. Kurzform zu
Magdalena
Malu

Malve, Malwe
Kurzform zu Malwine
Malvida, Malwida
Nebenform zu Malwine
Malvina, Malvine
Nebenform zu Malwine
Malwina, Malwine
ahd. »mahal« (Gerichts-
stätte) und »wini«
(Freund)
Manda, Mandi, Mandy
Kurzform zu Amanda
Manetka
Manie
griech. (Sucht, Besessen-
heit)
Manon
französ. Form zu Maria
Manta
Mantilla
Manuela
Kurzform zu Emanuela
Mara
hebr. (bitter)
Marbella
Marcia
engl. weibl. Form zu
Markus
Marea
Marei, Mareike
oberd. Form zu Maria
Maren
dän. Form zu Marina
Marena, Marene
Nebenform zu Maren
Maret, Mareta,
Marete
Kurzform zu Margarethe
Marev

Marfa
russ. Form zu Martha
Marga
Kurzform zu Margarethe
Margaretha,
Margarethe
persisch (Perle)
Margit, Margita
Kurzform zu Margarethe
Margon russ.
Kurzform zu Margarethe
Margot
französ. Kurzform zu
Margarethe
Maria
hebr. »Mirjam« (die
Widerspenstige)
Marlen
Kurzform zu Maria
Magdalena
Marliese, Marlis,
Marlise
Kurzform zu Marie Luise
Marotte hebr.
(wunderliche Neigung)
Marquise
französ. Adelstitel
Mary
engl. Kurzform zu Maria
Martha, Marta
hebr. (die Herrin)
Marvi
Marzella
Nebenform zu Marcelle
Marzellina
Weiterbildung zu
Marzella
Mascha
russ. Form zu Maria

Mathilde
ahd. »maht« (Stärke) und
»hiltja« (Kampf)
Maud engl.
Kurzform zu Magdalena,
Margarethe oder
Mathilde
Maureen
irische Form zu Maria
Mausi
Medina
Medusa
griech. Sagengestalt
Meggae
Meika, Meike fries.
Kurzform zu Maria
Melisande
Melissa
Nebenform zu Melitta
Melli
Mercedes
span. (die Gnadenreiche)
Merle
französ. (Amsel)
Meta, Mete
Kurzform zu Margarethe
Metje
fries. Kurzform zu Meta
Micky
Midnight
engl. (Mitternacht)
Mignon
französ. (niedlich,
allerliebst)
Mikea
Mimi
Kurzform zu Maria,
Emilie oder Wilhelmine
Minchen

Minna
Kurzform zu Wilhelmine
Mirana
Miranda, Mirande
lat. (die Bewunderns-
werte)
Mirella, Mirelle
Kurzform zu Mirabella
Mireta, Miretta
Kurzform zu Mirabella
Mirjana slaw.
»mirjan« (Friede)
Mirka
slaw. (die Friedliche)
Mirl
Kurzform zu Maria
Miry
russ. »mir« (Friede)
Mirzelle
Miss
engl. (Fräulein)
Mitzi, Mizzi, Mizzy
oberd. Koseform zu
Maria
Mohrle
Molette
Molly engl.
Kurzform zu Maria
Mona, Moni
Kurzform zu Monika
Monika
griech. (Einsiedlerin)
Monique
französ. Form zu Monika
Moona
Moonlight
engl. (Mondschein)
Morena
lat. (die Schwarze)

Morning
engl. (Morgen)
Motja
Mouche
französ. (Fliege)
Mucci
Mücke
Mummeline
Munja, Mura
russ. Form zu Maria oder
Emilia
Muriel
engl.-kelt. (heller See)
Mylady
engl. (gnädige Frau)
Myranda
Myrthe
griech. (die Bittere)

N

Nada, Nadia
Nebenform zu Nadja
Nadina, Nadine
engl. und französ. Form
zu Nadja
Nadinka
russ. Koseform zu Nadja
Nadja
Kurzform zu Nadjeschda
Nadjeschda
russ. (Hoffnung)
Naemi
hebr. (die Liebliche)
Nagra
Najac
Nakia
Namor

Nana
französ. Koseform zu
Anna
Nanche
Nancy
engl. Form zu Nanna
Nanda
Kurzform zu Ferdinande
Nanetta, Nanette
Nebenform zu Nannetta
Nani, Nanij
Nanina
Weiterbildung zu Nana
Nanja
Weiterbildung zu Anja
Nanna
Nebenform zu Anna
Nannetta, Nannette
französ. Form zu Nanna
Nanon französ.
Kurzform zu Nannetta
Nantje
fries. Kurzform zu
Ferdinande
Nanuscha, Nanuschka
Nany
Naomi
Nebenform zu Naemi
Nara, Narja
Narmandy
Narne
Nash
Nastasja, Nastassja
russ. Form zu Anastasia
Nata
Kurzform zu Renata
Natalia, Natalie
lat. (die am Weihnachts-
tag Geborene)

Natalina
Weiterbildung zu Natalia
Natascha
russ. Form zu Natalia
Nate, Nati
Neel, Neela, Neele,
Neeltje
fries. Kurzform zu
Cornelia
Nelda
Nelli, Nelly
engl. Kurzform zu
Elisabeth oder Helene
Nenzi
Nera
Nessi
Nesthäkchen
Neta, Nete
Kurzform zu Agneta
Netta, Nette, Netti,
Netty
Kurzform zu Namen mit
»-etta«
Neyla
Nice engl.
(hübsch, niedlich)
Nichi
Nicky
Nicla
Nicola, Nicole
französ. weibl. Form zu
Nikolaus
Nicoletta, Nicolette
Weiterbildung zu Nicole
Nicolina, Nicoline
Weiterbildung zu Nicole
Nicosi
Nicoure
Nigeria

Nightshade
engl. (Nachtschatten)
Nigra, Nigri
Nikola
griech. weibl. Form zu
Nikolaus
Nina
Kurzform zu Namen mit
»-nina«
Ninarici
Nine
Kurzform zu Namen mit
»-nine«
Ninetta
italien. Form zu Nina
Ninette
französ. Form zu Nina
Ninja
Ninon
französ. Form zu Nina
Ninos
Ninotschka
Nira
Nisee
Nissy
Nita
dän. und schwed. Kurz-
form zu Anita und Benita
Nitouche
Nives französ.
(die Schneeweiße)
Nixenkönigin
Nobellady
Noble
engl. (adlig, vornehm)
Noëlle französ.
weibl. Form zu Noël
Noeme, Noemi
Nebenform zu Naemi

Nolda
Kurzform zu Arnolda
Nona
lat. (eine der Parzen)
Nonna, Nonneke
schwed. Kurzform zu
Eleonore und Yvonne
Nora
Kurzform zu Eleonore
Norberta
weibl. Form zu Norbert
Nordrun
ahd. »nord« (Norden)
und »runa« (Geheimnis)
Noreen
irische Form zu Nora
Norgard
ahd. »nord« (Norden)
und »gard« (Schutz)
Norika
Norina
italien. Form zu Nora
Norita
Norla
Norma lat. (Gebot)
Nova
lat. (neuer Stern)
Nubia
Numis
Nunzia italien. Kurzform
zu Annunziata
Nuria span.
Kurzform zu »Nuestra
Señora de Nuria«
(Madonnenbild)
Nuschka, Nuschy
Nuvola

O

Obba
weibl. Form zu Obbo
Obonya
Oceana
die auf dem Meer
Geborene
Oda
Kurzform zu Namen
mit »Ot-«
Odalinde
ahd. »ot« (Besitz) und
»linta« (Schutzschild
aus Lindenholz)
Odessa
Odette französ.
Form zu Odilde
Odi, Odila
Nebenform zu Oda
Odilberga
ahd. »ot« (Besitz) und
»bergan« (bergen)
Odilgard
ahd. »ot« (Besitz) und
»gard« (Schutz)
Odilie
Nebenform zu Ottilie
Odine
Nebenform zu Oda
Oga, Ogi, Ogini
Ohilge
Ojade
Okina, Okinette
Oktavia
Nebenform zu Oktavius
Ola, Olcha
Oldie engl. (die Alte)

Olga
russ. Form zu Helga
Olianka
Olinda, Olinde
Nebenform zu Odalinde
Olinka
Olisandra
Olive
Olivia
lat. (Ölbaum)
Olla, Olle, Ollie, Olly
Kurzform zu Olivia, Olga
oder Ottilie
Olofa, Olova, Oluva
weibl. Form zu Olaf
Olympia
griech. (die vom Berge
Olymp Stammende)
Omaha
Omira
Ona baskisch
(die Glückliche)
Onda
Ondra
Onira, Onis, Onixe
Onja
Nebenform zu Anja
Onka, Onkara
Only
engl. (einzig, nur)
Onna
fries. Kurzform zu
Namen mit »Un-«
Oona
engl. Name unklarer
Bedeutung
Ophelia
griech. (die Nützliche)
Ophir

Ora
Kurzform zu Orania
Orakel
lat. (rätselhafte Weis-
sagung)
Orane
französ. Form zu Orania
Orania griech.
(die Himmlische)
Orbe
Ordenia
Ordensmädel
Oretta
Organza
Oriana, Orianda
Orietta
Orina, Orissa
Orita, Orizaba
Orla
Kurzform zu Orsola
Orlica
Orlina, Orlinda
Orma
Orne
Ornella
italien. Form zu Urania
Orora
Orpe
Orsa
Kurzform zu Orsola
Orselinde
Orsina, Orsine
Orsiris
Orsola
italien. Form zu Ursula
Ortensia rätoroman.
Form zu Hortensia
Orthia
Kurzform zu Dorothea

Orthild, Orthilde
ahd. »ort« (Speerspitze)
und »hiltja« (Kampf)
Ortissa
Ortonia
Ortrun
ahd. »ort« (Speerspitze)
und »runa« (Geheimnis)
Orville
Osberta
weibl. Form zu Osbert
Ossa, Ossara
Ostara die in der
Osterzeit Geborene
Ostia
Oswalda
weibl. Form zu Oswald
Oswine
weibl. Form zu Oswin
Ota
Nebenform zu Oda
Otberga
ahd »ot« (Besitz) und
»bergan« (bergen)
Othild
ahd. »ot« (Besitz) und
»hiltja« (Kampf)
Otila
Nebenform zu Odila
Otmena
Ottegebe
ahd. »ot« (Besitz) und
»geba« (Geschenk)
Otti
Kurzform zu Ottilie
Ottilie
Nebenform zu Odilia
Ottira
Ovati

Ovation
engl. (Huldigung)
Ovette
Ozeana
Nebenform zu Oceana

P

Palisande
Pally
Palmira
lat. (Palmträgerin)
Pam
Kurzform zu Pamela
Pamela engl.
Name unklarer Herkunft
Pamina griech.
(immerwährende Voll-
mondnacht)
Pamplona
Pancha
weibl. Form zu Pancho
Pandora
griech. (ganze Gabe)
Panja russ. Kurzform
vieler Namen
Pankratia
weibl. Form zu
Pankratius
Paola
span. Form zu Paula
Papina
Parchim
Parda
Pariane
Parma
Pascale
weibl. Form zu Pascal

Pat
engl. Kurzform zu
Patricia
Pathana
Patricia
lat. (Patrizierin)
Patrizia
Nebenform zu Patricia
Pattsy, Patty
engl. Koseform zu
Patricia
Paula
weibl. Form zu Paul
Paulette, Pauline
französ. Form zu Paula
Pearl
engl. (Perle)
Peca
Pegg engl.
Kurzform zu Margarethe
Pela
Kurzform zu Pelagia
Pelagia
weibl. Form zu Pelagius
Penjetta
Penny engl.
Kurzform zu Penelope
Pepa, Pepeta, Pepia,
Pepita
span. Koseform zu
Josepha
Peppina
Perana
Percya
weibl. Form zu Percy
Perdita
lat. (die Verlorene)
Peregrina
lat. (die Fremde)

Pergilla
Perigona
Perill
Perlayne
Perle, Perlrose
Permena
Pernetta
Pernilla, Pernille
Kurzform zu Petronella
Persica
Persona
Pertima, Pertisa
Pertria
Peruana
Peterke, Petis, Petje,
Petke
fries. Form zu Petra
Petra, Petrissa
weibl. Form zu Petrus
Petrina, Petrine
Weiterbildung zu Petra
Petronella, Petronelle
lat. (die aus der Sippe der
Petronier)
Petronia
Nebenform zu Petronella
Petula
lat. (die Ausgelassene)
Petunie
Zierpflanze
Peye
Phila
Kurzform zu Philomene
Philine
griech. (die Kosende)
Philippa
weibl. Form zu Philipp
Phöbe griech.
(die Strahlende)

Phyllis griech.
(die Blattreiche)
Pia
weibl. Form zu Pius
Piata, Piera
Nebenform zu Pia
Pierette
weibl. Form zu Pierre
Pieterke, Pietje
fries. Form zu Petra
Pigano, Pigo
Pilar span. Beiname der
Mutter Maria
Pinatz
Pink
engl. (Nelke, rosa)
Pinte
französ. (Schenke)
Pippa
italien. Kurzform zu
Philippa
Pirkko finn.
Kurzform zu Brigitta
Piroscha, Piroschka
ungar. Form zu Prisca
Pitti, Pitza
Pixy
Placida
weibl. Form zu Placidus
Plethora
Point
engl. (Fleck, Punkt)
Poldi Kurzform zu
Leopolda und Leopoldine
Polly engl. Koseform zu
Mary oder zu Apollonia
Polyxenia
griech. (gastlich
aufnehmen)

Pona, Porga
Porta
italien. (Pforte, Tor)
Pretiosa
lat. (die Kostbare)
Pretty
engl. (hübsch, nett)
Primel
Zierpflanze
Princess
engl. (Prinzessin)
Prisca, Priska
Kurzform zu Priscilla
Priscilla
lat. (die Strenge)
Pristel
Prosy
engl. (nüchtern, lang-
weilig)
Prudentia
lat. (die Kluge)
Pucky
Pulcheria
lat. (die Schöne)
Puppe
Putti
Pützchen

Q

Quabbe
niederd. (Fettwulst)
Quadia
Quadriga
lat. (Viergespann)
Quadrille
französ. Tanz
Quagga

Quail
engl., amerikan. (ver-
zagen, Mädchen)
Quaint engl.
(launisch, sonderbar)
Quandary
engl. (Verlegenheit)
Quandra
Quanta
Quantina
Quappe
Fisch, Lurchlarve
Quarantana
Quarre
niederd. (weinerliches
Kind)
Quarry
engl. (Jagdbeute)
Quartilla
Quasi, Quassie
Quaste
Troddel, Schleife
Quate
Queen
engl. (Königin)
Queenly
engl. (wie eine Königin)
Quelle
Quema
Quemoy
Quenda
Quenne
Quer
Querele
lat. (Klage, Streit)
Querida
Querissa
Queroka
Querol

Queroldine
Querulla
Queue
engl., französ. (Reihe, Schlange, Schweif)
Quiassie
Quibble
engl. (Spitzfindigkeit)
Quiche
französ. (Speckkuchen)
Quickgirl
engl. (schnelles Mädchen)
Quickly, Quicky
engl. (schnell)
Quiff
engl. (Stirnlocke)
Quike
Quilla
Quilt
engl. (Steppdecke)
Quin
Quince
engl. (Quitte)
Quinfanie
Quinie, Quinna, Quinni
Quinte
lat. (fünfter Ton der Tonleiter)
Quintey
Quintole
Quinze
französ. (fünfzehn)
Quipu
Quirina
weibl. Form zu Quirin
Quiris
Quirola
Quisantia

Quisisana
Quista
Quit
engl. (verlassen)
Quita
Quitana
Quitt, Quitta, Quitte
Quivive französ.
(auf der Hut sein)
Quivore
Quiz
engl. (Frage- und Antwortspiel)
Quodlibet
lat. (Durcheinander, Mischmasch)
Quote
Qusy
Quzincy

R

Rabea
arab. (Frühling)
Rabonda
Rachel, Rachele, Rachelle
Nebenform zu Rahel
Racoma
Rada Kurzform zu Namen mit »Rad-«
Radaxa, Radena
Radka weibl.
Form zu Radek
Radmilla, Radomilla
weibl. Form zu Radomil
Rafaela, Raffaela
hebr. (Gott heilt)

Ragna
nord. Form zu Reinhild
Rainy
Kurzform zu Namen mit »Rein-«
Rallina
Rallye
engl. (Autosternfahrt)
Raluca
Rambla
Ramona
weibl. Form zu Ramón
Ramsel
Rana, Ranira
Ranja, Ranjana
indisch (Mädchen, das Freude bringt)
Ranka
weibl. Form zu Ranko
Raola
Raphia
Rapunzel
Märchenfigur
Rastella
Raute
Kurzform zu Rautgunde
Ravenna, Ravina,
Ravussa
Raxiana
Raya
weibl. Form zu Ray
Rayka, Raykja
Weiterbildung zu Raya
Raytime
Rea
Rebe
Rebecca
engl. Form zu Rebekka
Rebellin

Rebina
Recha hebr. Name
unklarer Bedeutung
Red
engl. (Rot)
Redowa
Reela
fries. Form zu Reglinde
Regelinde
Nebenform zu Reglinde
Reggie
Regie
französ. (Spielleitung)
Regina
lat. (Königin)
Reglinde, Reglindis
ahd. »regin« (Rat, Be-
schluß) und »lindi«
(nachgiebig)
Regul lat. (Ordnung)
Reh
Reika
Reile
Reilinde
Nebenform zu Reglinde
Reims
Reimute
ahd. »regin« (Rat, Be-
schluß) und »muot«
(Geist, Gesinnung)
Reina, Reine
Nebenform zu Raina
Reingard ahd. »regin«
(Rat, Beschluß) und
»gard« (Schutz)
Reinhild
ahd. »regin« (Rat, Be-
schluß) und »hiltja«
(Kampf)

Reja, Rejane russ.
Nebenform zu Awreja
Reka
hebr. (die Zarte)
Rela, Rele
Relka
fries. Form zu Roelke
Rella
ungar. Kurzform zu
Aurelia
Rema
Kurzform zu Revmira
Remi
Rena
Kurzform zu Verena,
Irene und Renate
Renate
lat. (die Wiedergeborene)
Rendel
Kurzform zu Reinhild
Renée
französ. Form zu Renate
Renetta
fries. Form zu Renate
Reni
Kurzform zu Irene und
Renate
Renja
russ. Form zu Regina
Rensk, Renske, Renskea
fries. Kurzform zu Vorn.
auf »-rentia«
Renza
Kurzform zu Lorenza
Resi
Kurzform zu Therese
Ressa, Ressika
Retina
Retrud

Revira
Rexin
Rhea
griech. Sagengestalt
Ria
Kurzform zu Maria
Rian
Riana
russ. Kurzform zu
Adrienne
Ribbe
Rica
italien. Kurzform zu
Richarda und Erika
Riccarda
italien. Form zu Richarda
Ricci
Kurzform zu Richarda
Richarda
weibl. Form zu Richard
Richardine, Richardis
Nebenform zu Richarda
Ricka, Ricksta, Rieckie
fries. Kurzform zu
Namen mit »Rich-«
Rieke
Kurzform zu
Frederike oder Henrike
Riffa
Rika, Rike, Rikea
Nebenform zu Rieke
Rina
Kurzform zu Katharina
Riola
Rita
Kurzform zu Margarethe
Riverqueen
engl. (Flußkönigin)
Rivette

Rixa, Rixt, Rixta, Rixte
fries. Kurzform zu
Richarda
Roberta, Roberte
weibl. Form zu Robert
Robicilia
Robina, Robine
weibl. Form zu Robin
Robkane
Roda
Nebenform zu Rhode
Rodette
Rolande
weibl. Form zu Roland
Rolay
Romaine
französ. Form zu Romana
Romana
lat. (die Römerin)
Romanze
Romika
ungar. Form zu Romana
Romina
italien. Name unklarer
Herkunft
Romy
Kurzform zu Rosemarie
Rona
Ronda
Rosegarden
engl. (Rosengarten)
Rosa
lat. (Rose)
Rosabella
Doppelname aus Rosa
und Isabella
Rosanna
Doppelname aus Rosa
und Marianne

Rosella
Kurzform zu Rosabella
Rosenfee
Rosenrot
Rosi
Nebenform zu Rosa
Rosika, Rosira
Weiterbildung zu Rosa
Rosita
span. Form zu Rosa
Roswitha
ahd. »hruot« (Ruhm,
Ehre) und »swinths«
(stark)
Rotella
Roxana, Roxane per-
sisch (die Glänzende)
Roxy
Roxybelle
Rubra, Ruby
Ruit
Rumil
Ruscha
Ruth
hebr. (Freundin)

S

Saas
Sabina, Sabine
lat. (die Sabinerin)
Sabinette
Sabrina engl. (Nymphe
des Flusses Severn)
Sadie
amerikan. Form zu Sarah
Safety
engl. (Sicherheit)

Saida, Saiga
Sakina
Salicia
Salka
russ. Kurzform zu Salvija
Sally
engl. Kurzform zu Sarah
Salome
hebr. (die Friedensreiche)
Salvija, Salvina
lat. (gesund, wohlbe-
halten)
Salwa
Kurzform zu Salvija
Samantha
hebr. (Zuhörerin)
Sandra
italien. Kurzform zu
Alexandra
Sandria
Nebenform zu Sandra
Sandy
engl. Kurzform zu
Alexandra
Sanmira
Sanna, Sanne, Sanny
Kurzform zu Susanne
Sarah
hebr. (die Fürstin)
Sarina
Weiterbildung zu Sarah
Sasinja
Saskia
niederländ. weibl. Form
zu Sasso
Scarista
Scarlett
engl. (die Scharlachrote)
Schaani

Scherina
Schika
Schmusel
Schora, Schura
russ. Kurzform zu
Alexandra
Scuderia
Seffa, Seffi
Kurzform zu Josefa
Selina, Selin engl.
Nebenform zu Celina
Selma
Kurzform zu Anselma
Selosa
Senda, Senta
Kurzform zu Crescentia
und Vincenta
Serata
Seren, Serena
lat. (die Heitere)
Sergia
weibl. Form zu Sergius)
Sergilla
Severa
lat. (die Strenge)
Severina, Severine
Nebenform zu Severa
Shadli
Shaggy
engl. (zottig)
Shari, Sharon amerikan.
Name (Ortsbezeichnung)
Sheba
Sheerin
Sheila engl.
Kurzform zu Cäcilie
Shirley
engl. Name (Ortsbezeich-
nung)

Shiva
indisch (der Gütige)
Shorewind
engl. (Seewind)
Sibilla, Sibille, Sibyl
Nebenform zu Sibylle
Sibylla, Sibylle
griech. (Wahrsagerin)
Sida
Kurzform zu Sidonia
Sidonia, Sidonie
lat. (Frau aus Sidon)
Siegrun, Sigrun
ahd.»sieg« (Sieg) und
»runa« (Geheimnis)
Siena
Siga
Kurzform zu Sieghild
Sigrid
skand. (die für den Sieg
reitet)
Silja
fries. Form zu Cäcilie
Silke
fries. Form zu Gisela
Silva, Silvana
Nebenform zu Silvia
Silvelin
Silver
engl. (Silber)
Silvergirl
engl. (Silbermädchen)
Silverstone
engl. (Silberstein)
Silvetta, Silvette
französ. Form zu Silvia
Silvina
Weiterbildung zu Silvia
Simba

Simona, Simone
weibl. Form zu Simon
Sin, Sina
Kurzform zu Rosina
Sinikka
finn. (die Blaue)
Sinrid
Siola, Siquila
Siska
schwed. Kurzform zu
Franziska
Sissa, Sissi, Siss öster.
Kurzform zu Elisabeth
Sissil
Sita, Sitta
Kurzform zu Sidonia
oder Rosita
Sixta, Sixtina
griech. (die Feine)
Sjefke
Slavka
Kurzform zu Namen mit
»Slawa-«
Smarula
slaw. Form zu Maria
Snow
engl. (Schnee)
Snowwhite
engl. (schneeweiß)
Sofia, Sofie
griech. (Weisheit)
Solange
französ. (die Feierliche)
Sonja
russ. Kurzform zu Sofia
Sophie
Nebenform zu Sofia
Sorka slaw.
Kurzform zu Seraphine

Spruzzi, Spurzi

Stana
Kurzform zu Stanislawa

Stanze
Kurzform zu Konstanze

Starlight
engl. (Sternenlicht)

Stasi
Kurzform zu Anastasia

Stefanie
weibl. Form zu Stefan

Steffi
Kurzform zu Stefanie

Stella
lat. (Stern)

Stephanie, Stephine
französ. Form zu Stefanie

Stina, Stine, Stintje
fries. Kurzform zu
Namen mit »-stine«

Stiva

Stranja, Strauja

Su, Sue engl.
Kurzform zu Susanne

Sultanne

Sunna
fries. (Sonne)

Sunrise
engl. (Sonnenaufgang)

Sure
engl. (sicher, zuverlässig)

Susa
Kurzform zu Susanne

Susanka
slaw. Form zu Susanne

Susanna, Susanne
hebr. (die Lilie)

Suse, Susen
Kurzform zu Susanne

Susetta, Susette
französ. Form zu Susanne

Susi, Susy
Kurzform zu Susanne

Sutasia

Suzanne, Suzette, Suzie
französ. Form zu Susanne

Svenja
weibl. Form zu Sven

Sweet
engl. (süß)

Swetlana
russ. (die Helle)

Swiggi

Sybil, Sybille
Nebenform zu Sibylle

———————— **T** ————————

Tabea, Tabitha
lat. aus hebr. (Gazelle)

Tadina

Tai

Taidy

Taiga

Tairy

Tale, Taleja, Taleke,
fries. Form zu Adelheid

Talide, Talika, Talina
fries. Kurzform zu
Namen mit »Diet-«

Talka, Talke
fries. Form zu Adelheid

Tamara
russ. Form zu Tamar

Tamilay

Tamina
weibl. Form zu Tamino

Tana

Tangy

Tania, Tanja
Kurzform zu Tatjana

Tanjura
Nebenform zu Tanja

Tannay

Tara, Tarissa

Tascha

Tasja, Tassja
russ. Kurzform zu
Anastasia und Tatjana

Tata
Kurzform zu Tatjana

Tatiana, Tatjana
russ. Name unklarer
Herkunft

Tavia

Tayna

Techna

Teenager
engl. (Halbwüchsige)

Teida, Tela, Tele fries.
Kurzform zu Adelheid

Telsa, Telse fries.
Kurzform zu Elisabeth

Ten
engl. (zehn)

Tenderly
engl. (sanft, empfindlich)

Tera

Teresa
span. Form zu Therese

Terry amerikan.
Kurzform zu Therese

Terzia
lat. (die Dritte)

Tessa, Tessy engl.
Kurzform zu Therese

Tetta
Nebenform zu Theda
Thais
Thea
Kurzform zu Dorothea
oder Theodora
Theida, Theite fries.
Kurzform zu Theodora
Thekla
griech. (Ruhm Gottes)
Themis
griech. Göttin des Rechts
Theoda
Kurzform zu Namen mit
»Theo-«
Theodora, Theodore
weibl. Form zu Theodor
Theophora
Thera, Theres
Kurzform zu Therese
Theresa, Therese
griech. (Frau von Thera)
Theresia, Theresina
Nebenform zu Therese
Thery, Thesi, Thessi,
Thesy
Kurzform zu Therese
Thilde
Kurzform zu Mathilde
Thona
Kurzform zu Antonia
Thora
schwed. Kurzform zu
Namen mit »Thor-«
Thordis skand. (Göttin)
Thorgard
german. »thor« (Gott)
und ahd. »gard« (Hort,
Schutz)

Thorgund
german. »thor« (Gott)
und ahd. »gund« (Kampf)
Thorhild
german. »thor« (Gott)
und ahd. »hiltja«
(Kampf)
Thorid, Thurid
german. »thor« (Gott)
und ahd. »fridu« (Friede)
Thyna, Thyra dän.
Name unklarer Herkunft
Tiana
Kurzform zu Christiana
Tibera
weibl. Form zu Tiberius
Tibi, Tibona
fries. Kurzform zu
Namen mit »Diet-«
Tida
fries. Form zu Adelheid
Tietje, Tietke
fries. Kurzform zu
Namen mit »Diet-«
Tiffany
Tilla, Tilly
Kurzform zu Mathilde
Tilse fries.
Kurzform zu Elisabeth
Tina, Tine, Tini
Kurzform zu Namen mit
»-ina«
Tinette
französ. Form zu Tina
Tinka
Kurzform zu Katharina
Tirza
hebr. (die Anmutige)
Tissanda

Tivera
Tixi
Tizia
Kurzform zu Lätitia
Tjeps, Tjiecka
Toccata
italien. (Musikstück)
Toma russ.
Kurzform zu Tamara
Tonia, Tonja
Kurzform zu Antonia
Tootsie
Topsy fries. Form zu
Toppe oder Tobias
Tora
Nebenform zu Thora
Tordis
Nebenform zu Thordis
Torgard
Nebenform zu Thorgard
Torgund
Nebenform zu Thorgund
Torid
Nebenform zu Thorid
Tosca
Tosja
russ. Kurzform zu
Antonia
Tossy
Toxi
Kurzform zu Eudoxia
Tracy
engl. Name unklarer
Herkunft
Traude
Kurzform zu Namen mit
»-traud«
Trina, Trine, Trinette
Kurzform zu Katharina

Trix, Trixa, Trixi
Kurzform zu Beatrix
Troika
russ. (Dreigespann)
Trolla, Trolly
Trude, Trudy
Kurzform zu Gertrud
Trulla
Kurzform zu Ursula
Tschomo
Tschu
Tsi, Tsu
Tuffy
Tune
engl. (Melodie, Lied)
Turtle
engl. (Schildkröte)
Tusja
russ. Kurzform zu Natalja
Twiggy
Tyla

—————— **U** ——————

Uba
Kurzform zu Ubena
Ubangi
Ubbe
Kurzform zu Ubena
Ubinka
Ucella
Uchte
Uda
fries. Form zu Oda
Udele
Nebenform zu Adele
Udette
franzö́s. Form zu Udele

Udina, Udine
Weiterbildung zu Uda
Udyana
Uemea
Uffilia
Ugalde
Uganda
Ugarit
Ugoline
Ukara
Ukki
Ukrina
Ukye
Ula Kurzform zu Ulrike
und Ursula
Ulanda
weibl. Form zu Uland
Ulanuvo
Ulbra
Uletta
roman. Form zu Ulla
Ulfhild
Nebenform zu Wolfhild
Ulica, Ulice
Ulinda, Ulinka
Ulita, Uliva
Ulja, Uljana
russ. Form zu Juliane
Ulla Kurzform
zu Ulrike und Ursula
Ullabritt Doppelname
aus Ulla und Britt
Ullapool
Ullenka
Ullsina
Doppelname aus Ulla und
Rosina
Ulrika, Ulrike
weibl. Form zu Ulrich

Ultima
lat. (die Letzte)
Umbra
lat. (brauner Farbstoff)
Umbrella
engl. (Regenschirm)
Umea
Umilna
Umka
Umma
weibl. Form zu Ummo
Una
Unacorda
Unatha
Undine
lat. (Wassergeist)
Undria
Unina, Unita
Unja
Unke
Krötenart
Untouchable
engl. (die Unberührbare)
Unze
lat. (Gewichtseinheit)
Urania
Beiname der Aphrodite
Urawa
Urcana
Urdu
Urilla
Urlinde
Ursa
lat. Form zu Ursel
Ursel
Kurzform zu Ursula
Ursetta
rätoroman. Form zu
Ursula

Ursina, Ursine
Nebenform zu Ursula
Ursula
lat. (Bärchen)
Ursulina, Ursuline
Nebenform zu Ursula
Urta, Urte
baskische Form zu Ruth
Urtica, Urty
Uschi
Kurzform zu Ursula
Uschika
Ustelle
Ustrina
Uta, Ute
Nebenform zu Oda
Utascha
Utika
Utopia griech.
(erdachtes Land)
Uvade

V

Valana
Valenta
Kurzform zu Valentina
Valentina
weibl. Form zu Valentin
Valeriana, Valeriane
weibl. Form zu Valerius
Valerie
Nebenform zu Valeriana
Valesca, Valeska
poln. Form zu Valeria
Valetta
französ. Form zu Valeria
Valevia

Valeyry
Valinda
Vally
Nebenform zu Wally
Valse
Valusa, Valuta
Vamby, Vamke
Vanda
Nebenform zu Wanda
Vanessa
engl. (Schmetterlings-
gattung)
Vania
slaw. weibl. Form zu
Ivan
Vanilla
Vanita
Vanna
italien. Kurzform zu
Giovanna
Vanny
Nebenform zu Fanny
Vanoise
Vanuca
Varena, Varenna
Nebenform zu Verena
Varitza
Varuschka
Vaschara
Vatiba
Vavadis
Veda, Vedda, Veddaria
Vedette
französ. (Star, bekannte
Persönlichkeit)
Veijo, Veijona
Velietta
Venaria
Venia, Venice

Venus
röm. Liebesgöttin
Vera
russ. Kurzform zu Verena
oder Veronikia
Veralin
Weiterbildung zu Vera
Verbena, Verbene
Verena lat.
(die Zurückhaltende)
Vérène französ.
Form zu Verena
Verenice
Nebenform zu Verena
Verita, Veritas
lat. (Wahrheit)
Verna
Kurzform zu Verena
Verola, Verolina
Verona, Verone, Veroni
Kurzform zu Veronika
Veronika griech.
(die Siegbringerin)
Véronique französ.
Form zu Veronika
Veruschka russ.
Koseform zu Vera
Vesper
Vesta röm. Herd- und
Feuergöttin
Veva, Vevi
Kurzform zu Genoveva
Vezia
Vibes
Vicki, Vicky
Kurzform zu Viktoria
und Sophia
Victoria
Nebenform zu Viktoria

Vidora
Vignette französ.
(Zier- und Titelbildchen)
Viktoria
lat. (Sieg)
Viktoriana, Viktorine
Nebenform zu Viktoria
Viliana
russ. Name unklarer
Bedeutung
Vilja
finn. (Reichtum, Güte)
Vilkhilde
Nebenform zu Volkhilde
Vilma
Nebenform zu Wilma
Vimpy
Vina, Vinja, Vinka
Vinzenta, Vinzentia,
Vinzentina
weibl. Form zu Vinzenz
Viola
lat. (Veilchen)
Violet
engl. Form zu Viola
Violette
französ. Form zu Viola
Virette
Virginia
lat. (die Jungfräuliche)
Viridiana
Virna
italien. Form zu Virginia
Virosa
Vita, Viva
Viviana
lat. (die Lebensvolle)
Viviane, Viviany
Nebenform zu Viviana

Volkhild
ahd. »folc« (Kriegsschar)
und »hiltja« (Kampf)
Vollina
fries. Kurzform zu
Namen mit »Volk-«
Volma
weibl. Form zu Volkmar
Voxi
Vroni
Kurzform zu Veronika

W

Walda Kurzform
zu Namen mit »Wald-«
Wally
Kurzform zu Waltraud
oder Walburg
Walpurga, Walpurgis
Nebenform zu Walburg
Walsina
Waltrun
ahd. »waltan« (walten,
herrschen) und »runa«
(Geheimnis)
Wanda
slaw. (die Wendin)
Wandula
Nebenform zu Wanda
Wara, Warja
Kurzform zu Warwara
Warena, Waruna
Watya
Weida
Welda
Kurzform zu Namen mit
»Wald-«

Wellemina rhein.
Form zu Wilhelmina
Wemira
Wemke
Wena
Wencke skand.
Form zu Malwine
Wendeline, Wendila
Kurzform zu Namen mit
»Wendel-«
Wendina
Wendula
Kurzform zu Namen mit
»Wendel«
Wendy
Kurzform zu
Wendelburg
Wera
Nebenform zu Vera
Werena
Nebenform zu Verena
Werra
Wesoka
Wespe
Westside
engl. (Westseite)
White
engl. (weiß)
Whitehall
engl. (Regierungsviertel
in London)
Wiba
fries. Kurzform zu
Wiborad
Wibeke, Wibke
Nebenform zu Wiba
Wibrande
ahd. »wig« (Kampf) und
»brant« (Brand)

Wiburg
Nebenform zu Wigburg
Wicki, Wickie
Nebenform zu Wika
Widkonka
Wiebke
niederd. Kurzform zu
Namen mit »-wig«
Wieka, Wieke
Kurzform zu Ludowieka
Wiepe
Wiete, Wietske
fries. Kurzform zu
Namen mit »Wig-«
Wiggi
Wilaske
Wildflower
engl. (Wildblume)
Wildlady
engl. (ungestüme Frau)
Wilga
Kurzform zu Wilgard
Wilgund, Wilgunde
ahd. »willo« (Wille) und
»gunt« (Kampf)
Wilhelmina, Wilhelmine
weibl. Form zu Wilhelm
Willa, Willia
Kurzform zu Namen mit
»Wil-«
Wilma
Kurzform zu Wilhelmine
Wilmken
fries. Form zu Wilma
Wilrun ahd.
»willo« (Wille) und
»runa« (Geheimnis)
Winnie
Winternacht

Wintertime
engl. (Winterzeit)
Wipke
Nebenform zu Wiebke
Wirolana
Witta, Witte
ahd. »vitu« (Wald)
Wjatka
Wobke
Nebenform zu Wiebke
Wolfrun
ahd. »wolf« (Wolf) und
»runa« (Geheimnis)
Wonda
Nebenform zu Wanda
Wonderland
engl. (Wunderland)
Wonni, Wonny
Wübke
Nebenform zu Wiebke
Wunna
ahd. (Freude)

X

Xale
Xalla
Xamba
Xana
Xandra
Kurzform zu Alexandra
Xandrina
Weiterbildung zu Xandra
Xandriola
Xanga
Xantha, Xanthe
Xanthi

Xanthippe
Xarida
Xarissima
Xaruschka
Xaskia
Xaveria
weibl. Form zu Xaver
Xedibari
Xelhua
Xeli
Xenia griech.
(die Gastfreundliche)
Xenion
griech. (Gastgeschenk)
Xennesse
Xentra
Xera
Xilla, Xilli
Xincs
Xinta, Xira
Xirka, Xitta
Xoana
Xobara
Xochil
Xogi
Xona, Xorena
Xorta
Xosa
Xoxi
Xylia
Xylinde
Xylopia
Xyna
Xyta

Y

Yacata
Yacca
Yaceline
Yacine
Yamira
Yana
Nebenform zu Jana
Yap
engl. (Gekläff)
Yarrow
Yascha
Yasgera
Yashico
Yashilla
Yaska
Yasmin
Nebenform zu Jasmin
Yaswina
Yawl engl. (Jolle)
Ybbs
Yearn
engl. (sehnen, verlangen)
Yell
engl. (schreien)
Yella, Yello
Yembi
Yessika
Yette
Yew
engl. (Eibe)
Yilla
Yindi, Yinni
Ylonka
Yoko
Yolanda, Yolande
Nebenform zu Jolanthe

Yolk
engl. (Eidotter)
Yone, Yong
Yorica
Yorkshire
Yossy
Youth
engl. (Jugend)
Yowl
engl. (jaulen)
Ypse
Yssa
Yucca
span. (Palmlilie)
Yulia, Yulika
Yunga
Yusha
Yvette
französ. Form zu Yvonne
Yvonne
weibl. Form zu Yvo

Z

Zafra
Zagina
Zaira, Zaita
Zala
weibl. Form zu Zalo
Zalona
Nebenform zu Zala
Zandra, Zandru
Zania
Zara
Nebenform zu Sarah
Zarewna
Zarina, Zarlina
Zaruba

Zascha
Zaskia
Zassy
Zastra
Zatia
Zäzilie
Nebenform zu Cäcilie
Zdenka
slaw. Form zu Sidonia
Zedbies
Zeder
Zeewie
Zeffira
Zelia
Zelma
engl. Form zu Selma
Zelta
Zena, Zenana
Nebenform zu Zenobia
Zenni
Zenobia griech.
(Leben durch Zeus)
Zenta
Nebenform zu Senta
Zenti
Zenzi, Zenzy
Kurzform zu Vinzenta
Zerlinde
Zertyka
Zerzoa
Zeudi
Zientje
fries. Form zu Gesine
Zierpe
Zigeunerin
Zikosia
Zilia, Zilla, Zille, Zilli
Kurzform zu Cäcilia
Zilpa

Zina
Kurform zu Gesina
Zindy
Zinnia
Name nach der Blume
»Zinnie«
Zinne
Zippora
hebr. (Vögelchen)
Zira
Ziska
Kurzform zu Franziska

Zissi, Zissy
Nebenform zu Sissy
Zita
lat. (die Schnelle)
Zitske
fries. Form zu Franziska
Zjalin
Zoe
griech. (Leben)
Zoji
Zölestine
Nebenform zu Cöleste

Zora
Nebenform zu Aurora
Zorica
Zorri
Zurika
Zurra
Zuzmara
Zwaantje
fries. Form zu Swantje
Zwanette

VERLAGS-VERZEICHNIS

Eine Auswahl · Stand Sommer 1995

Bücher · Videos

Rat und Wissen

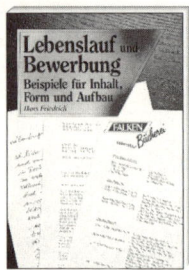

Lebenslauf und Bewerbung
(**0428**-1) von H. Friedrich,
112 Seiten, kartoniert

Die erfolgreiche Bewerbung
(**0173**-8) von W. Manekeller,
144 Seiten, kartoniert

**Bewerbungsbriefe
und Stellengesuche**
(**0138**-X) von Dr. W. Reichel,
96 Seiten, kartoniert

Bewerbungsstrategien
(**1027**-3) von Dr. W. Reichel,
128 Seiten, kartoniert

Vorstellungsgespräche
(**0636**-5) von H. Friedrich,
144 Seiten, kartoniert

**Das überzeugende
Vorstellungsgespräch**
(**1261**-6) von R. Ibelgaufts,
144 Seiten, kartoniert

Assessment Center
(**1385**-X) von H. Beitz, 160 Seiten,
kartoniert

Umgangsformen im Berufsleben
(**0063**-4) von R. Bartels, 80 Seiten,
kartoniert

Maschinenschreiben
(**0568**-7) von M. Kempkes,
112 Seiten, Spiralbindung

**Maschinenschreiben
im Selbstunterricht**
(**0170**-3) von O. Fonfara, 88 Seiten,
kartoniert

Buchführung leicht gefaßt
(**0127**-4) von H. R. Pohl, 104 Seiten,
kartoniert

Buchführung leicht gemacht
(**4238**-8) von D. Machenheimer,
256 Seiten, gebunden

Bewährte Musterbriefe
(**0231**-9) von O. Fuhrmann,
240 Seiten, kartoniert

Geschäftliche Briefe
(**0041**-3) von G. Briese-Neumann,
120 Seiten, kartoniert

Arbeitszeugnisse
(**1444**-9) von A. Nasemann,
136 Seiten, kartoniert

Brain Building
(**4704**-5) von M. vos Savant,
288 Seiten, gebunden

Besseres Englisch
(**0745**-0) von E. Henrichs,
144 Seiten, kartoniert

FALKEN Reihe: *CheckUp*
Testament und Erbschaft
(**1525**-9) von P. J. Schneider,
72 Seiten, kartoniert

    (**1524**-0) Recht für Mieter
    (**1526**-7) Kaufverträge
    (**1565**-8) Recht für Urlauber
    (**1566**-6) Stellensuche und
              Bewerbung
    (**1527**-5) Vorstellungsgespräche

FALKEN Reihe:
Alles was man über * wissen muß
*Pflegeversicherung
(**1341**-8) von K. Möcks, 112 Seiten,
kartoniert

    (**1390**-6) *Umgang mit Behörden
    (**1387**-6) *Bafög
    (**1445**-7) *Vermögensbildung
    (**1189**-X) *Versicherungen
    (**1071**-0) *Ehen ohne Trauschein
    (**0835**-X) *Erziehungsgeld,
              Mutterschutz,
              Erziehungsurlaub
    (**1264**-0) *Scheidung und
              Unterhalt

    (**0939**-9) *Testament u. Erbschaft
    (**0479**-6) *Mietrecht

Mietrecht
(**1409**-0) von W. Büser, 88 Seiten,
kartoniert

Erbrecht und Testament
(**0046**-4) von H. Wandrey,
124 Seiten, kartoniert

Testament und Erbschaft
(**4139**-X) von T. Drewes, 304 Seiten,
gebunden

Die neue Farbberatung
(**4782**-7) von G. Watermann,
128 Seiten, gebunden

**ABC der modernen
Umgangsformen**
(**4754**-1) von I. Wolff, 222 Seiten,
gebunden

Krawatten
(**1519**-4) von M. Adam, 48 Seiten,
gebunden

FALKEN Reihe: *Horoskope*
Schütze
(**1539**-9) von G. Haddenbach,
85 Seiten, gebunden

    (**1531**-3) Widder
    (**1532**-1) Stier
    (**1533**-X) Zwilling
    (**1534**-8) Krebs
    (**1535**-6) Löwe
    (**1536**-4) Jungfrau
    (**1537**-2) Waage
    (**1538**-0) Skorpion
    (**1540**-2) Steinbock
    (**1541**-0) Wassermann
    (**1542**-9) Fische

Chinesisches Horoskop
(**0423**-0) von G. Haddenbach,
88 Seiten, kartoniert

ISBN-Bestandteil: 3-8068

Die 12 Sternzeichen
(**0385**-4) von G. Haddenbach,
136 Seiten, kartoniert

Partnerschaftshoroskop
(**0587**-3) von G. Haddenbach,
112 Seiten, kartoniert

Wahrsagen mit Karten
(**0404**-4) von R. Koch, 80 Seiten,
kartoniert

Kinderüberraschung
(**1499**-6) von N. Mosch, 88 Seiten,
kartoniert

**Neue Texte für den
Anrufbeantworter**
(**1529**-1) von T. Fröhling, 80 Seiten,
kartoniert

Wir feiern Hochzeit
(**0943**-7) von H. J. Winkler,
120 Seiten, kartoniert

Einladungen texten und gestalten
(**1484**-8) von R. Zey, 80 Seiten
kartoniert

Hochzeitszeitungen mit Pfiff
(**1379**-5) von Y. Thalheim, 80 Seiten,
kartoniert

**Glückwünsche, Toasts und
Festreden zu Polterabend und
Hochzeit**
(**0264**-5) von I. Wolter, 112 Seiten,
kartoniert

Herzliche Glückwünsche
(**0942**-9) von B. H. Bull, 256 Seiten,
gebunden

Beliebte Verse fürs Poesiealbum
(**0431**-1) von W. Pröve, 88 Seiten,
kartoniert

Originelle Verse fürs Poesiealbum
(**1226**-8) von B. Lins, 64 Seiten,
kartoniert

**Heitere und besinnliche Verse
fürs Poesiealbum**
(**1543**-7) von B. H. Bull, 160 Seiten,
kartoniert

**Schnell und sicher zum
Führerschein**
(**1232**-2) von O. Einert, 152 Seiten,
kartoniert

**Die aktuellen Prüfungsfragen
und Fragebogen für den
Führerschein**
(**1490**-2) 104 Seiten, kartoniert

Essen und Trinken

Trennkost
(**4298**-1) von U. Summ, 96 Seiten,
kartoniert

Das große Buch der Trennkost
(**4498**-4) von U. Summ, 128 Seiten,
gebunden

Die aktuelle Trennkost
(**4685**-5) von U. Summ, 96 Seiten,
kartoniert

Schnelle Trennkost Küche
(**4746**-0) von H. Harper, 80 Seiten,
kartoniert

Schlank durch Trennkost
(**4475**-5) von U. Summ, 96 Seiten,
kartoniert

Alles über die Haysche Trennkost
(**4771**-1) von Dr. med.
Th. M. Heintze, 112 Seiten, gebunden

FALKEN Reihe: *Einfach gut*
Das kleine 1 x 1 der Trennkost
(**1428**-7) von Seiten Carlsson,
64 Seiten, kartoniert

(**1291**-8) Gerichte aus dem Wok
(**1448**-1) Fisch Gerichte
(**1351**-5) Tisch- und Gartengrill

(**1417**-1) Schnitzel, Steaks & Co.
(**1348**-5) Geflügel Gerichte
(**1491**-0) Beliebte Wildgerichte
(**1582**-8) Saucen und Dips
(**1289**-6) Chinesische Küche
(**1412**-0) Vegetarisches aus dem
   Wok
(**1384**-1) Fernöstliche Küche
(**1404**-X) Indische Küche
(**1299**-3) Italienische Küche
(**1352**-3) Pizza
(**1558**-8) Französische Küche
(**1407**-4) Quiches, Tartes und
   andere pikante Kuchen
(**1581**-X) Griechische Küche
(**1439**-2) Mexikanische Küche
(**1298**-5) Fondues
(**1300**-0) Braten auf dem heißen
   Stein
(**1290**-X) Rezepte fürs Raclette
(**1347**-7) Gemüse Gerichte
(**1441**-4) Knackige Salate
(**1346**-9) Salate
(**1295**-0) Aufläufe
(**1365**-5) Gemüse Aufläufe
(**1451**-1) Kochen und Backen
   mit Käse
(**1294**-2) Rezepte für 1 Person
(**1583**-6) Schnelle Küche
(**1349**-3) Preiswerte Gerichte
(**1293**-4) Nudel Gerichte
(**1449**-X) Suppen und Eintöpfe
(**1495**-3) Köstlichkeiten aus
   einem Topf
(**1332**-9) Köstliches aus dem
   Tontopf
(**1331**-0) Sandwiches,
   Toasts & Co.
(**1350**-7) Fritieren
(**1297**-7) Kartoffel Gerichte
(**1405**-8) Das essen Kinder gern
(**1492**-9) Pikant einmachen
(**1442**-2) Marmeladen, Gelees
   und Kompotte
(**1496**-1) Brot backen
(**1493**-7) Backen zu Weihnachten
(**1296**-9) Waffeln

(**1446**-5) Fruchtige Pfannkuchen
und Crêpes
(**1292**-6) Cocktails und Drinks
(**1345**-0) Long Drinks
(**1447**-3) Bowlen und Punsch
(**1495**-3) Alkoholfreie Drinks
(**1450**-3) Milchmixgetränke
(**1408**-2) Vitamin Drinks

FALKEN Reihe:
Gut essen und trinken
Raclette und heißer Stein
(**4766**-5) von R. M. Donhauser,
128 Seiten, gebunden

    (**4794**-0) Fisch
    (**4762**-2) Köstlichkeiten aus
           dem Wok
    (**4806**-8) Pizza
    (**4759**-2) Fondues
    (**4795**-9) Gemüse
    (**4768**-1) Salate
    (**4700**-2) Aufläufe
    (**4793**-2) Gratins und Soufflés
    (**4767**-3) Kuchen

Spezialitäten aus dem Wok
(**0933**-X) von Kuo Huey Jen,
64 Seiten, gebunden

Kochen mit dem Wok
(**4528**-X) von P. Nikolay, 160 Seiten,
gebunden

Raclette-Grill
(**0558**-X) von I. Helger, 72 Seiten,
kartoniert

Das Fitmacher Kochbuch
(**4698**-7) von Prof. Dr. troph.
M. Hamm, 112 Seiten, gebunden

Vollwertküche für Genießer
(**4412**-7) von Prof. Dr. C. Leitzmann
256 Seiten, gebunden

**Kochen und Backen
für Diabetiker**
(**4467**-4) von Dr. med. M. Toeller,
176 Seiten, gebunden

FALKEN Reihe: *Diät heute*
Diät bei Zuckerkrankheit
(**3206**-4) von Prof. Dr. Dieterle,
112 Seiten, kartoniert

    (**3207**-2) Diät bei Krankheiten
           der Gallenblase, Leber
           und Bauchspeicheldrüse
    (**3202**-1) Diät bei Herzkrank-
           heiten und Bluthoch-
           druck
    (**3201**-3) Diät bei Krankheiten
           des Magens und
           Zwölffingerdarms
    (**3203**-X) Diät bei Erkrankungen
           der Nieren, Harnwege
           und bei Dialysebe-
           handlung
    (**3205**-6) Diät bei Gicht und
           Harnsäuresteinen

Heilfasten
(**0713**-2) von G. Leibold, 96 Seiten,
kartoniert

FALKEN Mixbuch
(**4733**-9) von P. Bohrmann,
560 Seiten, gebunden

Servietten falten
(**1042**-7) von M. Müller, 80 Seiten,
kartoniert

Servietten dekorativ falten
(**1337**-X) von H. Tapper, 48 Seiten,
gebunden

Die schönsten Vornamen
(**4755**-X) von Dr. D. Voorgang,
200 Seiten, gebunden

Wie soll es heißen?
(**0211**-4) von D. Köhr, 136 Seiten,
kartoniert

Wir werden Eltern
(**4269**-8) von B. Nees-Delaval,
376 Seiten, gebunden

**Vater werden…
Vater sein**
(**4259**-0) von D. Zimmer,
160 Seiten, gebunden

**Schwangerschaftsgymnastik
und Geburtsvorbereitung**
(**1423**-6) von L. Keller, 112 Seiten,
kartoniert

Yoga für Schwangere
(**0777**-9) von V. Bolesta-Hahn,
112 Seiten, kartoniert

Geburtsvorbereitung
(**1169**-5) von G. Dürer, 134 Seiten,
kartoniert

Ich freue mich auf mein Baby
(**4711**-8) von E. Portz-Schmitt,
184 Seiten, gebunden

Ich bekomme ein Baby
(**1254**-3) von B. Nees-Delaval,
144 Seiten, kartoniert

Der große FALKEN Babykurs
(**4739**-8) von K. Schutt, 352 Seiten,
gebunden

Das Babybuch
(**0531**-8) von A. Burkert, 96 Seiten,
kartoniert

Babyfitneß
(**1034**-6) von G. Zeiß, 112 Seiten,
kartoniert

ISBN-Bestandteil: 3-8068-

Die Kunst des Stillens
(**0701**-9) von Prof. Dr. med.
E. Schmidt, 112 Seiten, kartoniert

Rückbildungsgymnastik
(**1470**-8) von L. Keller, 112 Seiten,
kartoniert

Wenn Kinder krank werden
(**4240**-X) von B. Nees-Delaval,
232 Seiten, gebunden

Empfängnisverhütung
(**1521**-6) von A. Schmidt-Forth,
168 Seiten, kartoniert

**Total verknallt…
und keine Ahnung?**
(**1024**-9) von H. Bruckner,
104 Seiten, kartoniert

**Mir geht's gut - Wege zum
positiven Denken**
(**1167**-9) von N. Kohla, 136 Seiten,
kartoniert

Krampfadern
(**0727**-2) von Dr. med. K. Steffens,
112 Seiten, kartoniert

Homöopathie
(**1334**-5) von J. H. P. Kreuter,
216 Seiten, kartoniert

Allergien behandeln und lindern
(**0840**-6) von G. Leibold, 96 Seiten,
kartoniert

Asthma und Bronchitis
(**1083**-4) von G. Leibold, 112 Seiten,
kartoniert

Neurodermitis
(**1218**-7) von Prof. Dr. med. Dr. phil.
Seiten Borelli, 144 Seiten, kartoniert

Gesunde Haut
(**1468**-6) von Dr. med. J. Müller,
128 Seiten, kartoniert

Akupressur
(**1231**-4) von Foen Tjoeng Lie,
192 Seiten, kartoniert

Akupressur zur Eigenbehandlung
(**0417**-6) von G. Leibold, 112 Seiten,
kartoniert

Aromatherapie
(**1131**-8) von K. Schutt, 96 Seiten,
kartoniert

Enzyme
(**0677**-2) von G. Leibold, 96 Seiten,
kartoniert

Eßstörungen
(**1425**-2) vom Frankfurter Zentrum
für Eßstörungen e.V., 112 Seiten,
kartoniert

Besser leben durch Fasten
(**0841**-4) von G. Leibold, 96 Seiten,
kartoniert

Autogenes Training
(**1278**-0) von Dr. P. Kruse, 118 Seiten,
kartoniert

Autogenes Training
(**0541**-5) von R. Faller, 118 Seiten,
kartoniert

**Autogenes Training für Kinder
ab 6 Jahren**
(**1327**-2) von K. Haak, 96 Seiten,
kartoniert

Sauna
(**0980**-1) von R. A. Pieper,
104 Seiten, kartoniert

Massage
(**1317**-5) von K. Schutt, 168 Seiten,
kartoniert

Massage
(**0750**-7) von B. Rumpler, 112 Seiten,
kartoniert

Partnermassage
(**4444**-5) von Chr. Unseld-Baumanns,
136 Seiten, gebunden

Entspannung
(**1471**-6) von K. Schutt, 80 Seiten,
kartoniert

**Streß bewältigen durch
Entspannung**
(**0834**-1) von Dr. med. Ch. Schenk,
88 Seiten, kartoniert

Yoga für jeden
(**1277**-2) von K. Zebroff, 144 Seiten,
Spiralbindung

Yoga
(**0394**-3) von A. Raab, 112 Seiten,
kartoniert

Fußsohlenmassage
(**0714**-0) von G. Leibold, 96 Seiten,
kartoniert

Qigong
(**1316**-7) von L. U. Schoefer,
96 Seiten, kartoniert

Qigong (Buch mit Audiokassette)
(**1427**-9) von L. U. Schoefer,
96 Seiten, kartoniert

Rückenschule
(**1310**-8) von K. Haak, 64 Seiten,
mit Audiokassette, kartoniert

Rückenschmerzen
(**4447**-X) von Prof. Dr. med. H. Hess,
152 Seiten, kartoniert

Rückenschmerzen
(**1140**-7) von G. Leibold, 96 Seiten,
kartoniert

Rheuma
(**0836**-8) von G. Leibold, 96 Seiten,
kartoniert

Rheuma und Gicht
(**0712**-4) von Dr. J. Höder,
104 Seiten, kartoniert

**Besser sehen durch
Augentraining**
(**0914**-3) von K. Schutt, 96 Seiten,
kartoniert

Osteoporose
(**1371**-X) von A. Baumgarten,
96 Seiten, kartoniert

Risiko Herzinfarkt
(**1217**-9) von C. Halhuber,
152 Seiten, kartoniert

Diabetes
(**0895**-3) von Dr. med. H. J. Krönke,
120 Seiten, kartoniert

Hypnose und Autosuggestion
(**0483**-4-) von G. Leibold,
120 Seiten, kartoniert

Erkältungskrankheiten
(**1372**-8) von G. Leibold, 112 Seiten,
kartoniert

So deutet man Träume
(**0444**-3) von G. Haddenbach,
120 Seiten, kartoniert

Bluthochdruck
(**1125**-3) von Prof. Dr. med. D. Klaus,
152 Seiten, kartoniert

Krankenpflege zu Hause
(**1373**-6) von S. Hof, 104 Seiten,
kartoniert

Moderne Hauskrankenpflege
(**4776**-2) von S. Hof, 272 Seiten,
gebunden

Sport und Fitneß

Bruce Lees Kampfstil 1
(**0473**-7) von B. Lee, 112 Seiten,
kartoniert

Bruce Lees Kampfstil 2
(**0486**-9) von B. Lee, 128 Seiten,
kartoniert

Bruce Lees Kampfstil 3
(**0503**-2) von B. Lee, 112 Seiten,
kartoniert

Bruce Lees Kampfstil 4
(**0523**-7) von B. Lee, 104 Seiten,
kartoniert

Die Bruce-Lee-Story
(**1415**-5) von L. Lee, 192 Seiten,
kartoniert

Bruce Lee Jeet Kune Do
(**0440**-0) von B. Lee, 192 Seiten,
kartoniert

Kung-Fu
(**1399**-X) von B. Lee, 104 Seiten,
kartoniert

Karate
(**2308**-1) von A. Pflüger, 96 Seiten,
kartoniert

Karate 1
(**0227**-0) von A. Pflüger, 144 Seiten,
kartoniert

Karate 2
(**0239**-4) von A. Pflüger, 176 Seiten,
kartoniert

Karatetechnik
(**1460**-0) von Chuck Norris,
128 Seiten, kartoniert

Karate für alle
(**0314**-5) von A. Pflüger, 104 Seiten,
kartoniert

Dynamische Tritte
(**0438**-9) von Ch. Lee, 96 Seiten,
kartoniert

Karate Kata 1
(**0683**-7) von W.-D. Wichmann,
164 Seiten, kartoniert

25 Shotokan Katas
(**0859**-7) von A. Pflüger, 88 Seiten,
kartoniert

Ninja
(**1161**-X) von A. Adams, 196 Seiten,
kartoniert

Ninja 1
(**0758**-2) von S. K. Hayes,
144 Seiten, kartoniert

Ninja 2
(**0763**-9) von S. K. Hayes,
160 Seiten, kartoniert

Ninja 3
(**0764**-7) von S. K. Hayes,
144 Seiten, kartoniert

Ninja 4
(**0807**-4) von S. K. Hayes,
196 Seiten, kartoniert

Judo perfekt 1
(**1249**-7) von K. Fuchs, 124 Seiten,
kartoniert

Judo perfekt 2
(**1461**-9) von K. Fuchs, 112 Seiten,
kartoniert

Judo
(**0305**-6) von M. Ohgo, 208 Seiten,
kartoniert

Ju-Jutsu 1
(**0276**-9) von W. Heim, 164 Seiten,
kartoniert

Teakwondo
(**0347**-1) von K. Gil, 152 Seiten,
kartoniert

Teakwondo perfekt 1
(**0890**-2) von K. Gil, 176 Seiten,
kartoniert

Kickboxen
(**0795**-7) von G. Lemmens,
96 Seiten, kartoniert

Selbstverteidigung
(**0853**-8) von E. Deser, 96 Seiten,
kartoniert

Aikido
(**0537**-7) von R. Brand, 280 Seiten,
kartoniert

Krafttraining
(**0617**-9) von W. Kieser, 96 Seiten,
kartoniert

Krafttraining
(**1309**-4) von A. Balk,
48 Seiten, Spiralbindung

Bodybuilding für Frauen
(**1510**-0) von E. Wanghofer,
96 Seiten, kartoniert

Bodybuilding
(**2314**-6) von L. Spitz, 112 Seiten,
kartoniert

**Optimale Ernährung für
Krafttraining und Bodybuilding**
(**0912**-7) von B. Dahmen, 88 Seiten,
kartoniert

Stretching
(**1247**-0) von A. Balk, 40 Seiten,
Spiralbindung

Stretching
(**0717**-5) von H. Schulz, 64 Seiten,
kartoniert

ISBN-Bestandteil: 3-8068-

Aerobics
(**1421**-X) von M. Freytag-Baumgartner,
40 Seiten, Spiralbindung

Wirbelsäulengymnastik
(**1246**-2) von L. Keller, 40 Seiten,
Spiralbindung

Kegelspiele
(**0271**-8) von H. Regulski, 92 Seiten,
kartoniert

111 spannende Kegelspiele
(**2031**-7) von H. Regulski, 80 Seiten,
kartoniert

Badminton
(**0699**-3) von K. Fuchs, 160 Seiten,
kartoniert

Sport Regeln Badminton
(**1101**-6) 84 Seiten, kartoniert

Tennis
(**0375**-7) von W. und S. Taferner,
112 Seiten, kartoniert

Streetball
(**1465**-1) von J. Bezler, 80 Seiten,
kartoniert

Darts
(**1466**-X) von R. W. Sohlbach,
96 Seiten, kartoniert

Reiten
(**2322**-7) von T. Eckholt, 96 Seiten,
kartoniert

Reiten im Bild
(**0415**-X) von H. Werner, 128 Seiten,
kartoniert

Moderne Tänze
(**1462**-7) von B. und F. Weber,
96 Seiten, kartoniert

Tanzen
(**2303**-0) von K. Richter, 96 Seiten,
kartoniert

Tanzstunde
(**4409**-7) von G. Häderich,
164 Seiten, kartoniert

Wir lernen tanzen
(**0200**-9) von E. Fern, 152 Seiten,
kartoniert

Sport Regeln Fußball
(**1096**-6) 104 Seiten, kartoniert

Sporttauchen
(**0647**-0) von S. Müßig,
144 Seiten, kartoniert

Angeln
(**0198**-3) von E. Bondick, 80 Seiten,
kartoniert

Angelfischerei
(**0324**-2) von H. Oppel, 72 Seiten,
kartoniert

Segeln
(**1364**-7) von H. Mönster, 128 Seiten,
kartoniert

Paragliding
(**1464**-3) von H. G. Isenberg,
160 Seiten, kartoniert

Poolbillard
(**0484**-2) von M. Bach, 104 Seiten,
kartoniert

Poolbillard
(**2318**-9) von B. Pejcic, 88 Seiten,
kartoniert

Do it yourself und Technik

Betonieren - Mauern - Fliesen
(**1159**-8) von K. H. Schubert,
104 Seiten, kartoniert

Metall bearbeiten
(**1119**-9) von O. Maier, 96 Seiten,
kartoniert

Sanitärinstallation
(**1118**-0) von W. Kawlath 96 Seiten,
kartoniert

Dachgeschoß- und Innenausbau
(**1243**-8) von M. Maurer, 96 Seiten,
kartoniert

Satelliten Antennen
(**1359**-0) von P. Röbke-Doerr,
88 Seiten, kartoniert

**Kommunikation
aus der Steckdose**
(**1236**-5) von T. Pehle, 80 Seiten,
kartoniert

Alarmanlagen
(**1308**-6) von H.-W. Bastian,
64 Seiten, kartoniert

Solarstromanlagen
(**1457**-0) von P. Röbke-Doerr,
80 Seiten, kartoniert

Lichteffekte mit Halogen
(**1237**-3) von J. R. Felix, 88 Seiten,
kartoniert

**Badezimmer renovieren
und modernisieren**
(**1199**-7) von K. H. Schubert,
80 Seiten, kartoniert

Elektronik als Hobby
(**4293**-0) von W. Priesterrath,
264 Seiten, gebunden

Restaurieren von Möbeln
(**4120**-9) von E. Schnaus-Lorey,
152 Seiten, gebunden

**Möbel aufarbeiten, reparieren
und pflegen**
(**0386**-2) von E. Schnaus-Lorey,
96 Seiten, kartoniert

**Möbel für Kinderzimmer
und Wohnbereich**
(**1456**-2) von H.-W. Bastian,
80 Seiten, kartoniert

Kleinmöbel aus Holz
(**0905**-4) von O. Maier, 128 Seiten,
kartoniert

ISBN-Bestandteil: 3-8068-

Möbel im Designerstil
(**1360**-4) von H.-W. Bastian,
80 Seiten, kartoniert

HiFi Boxen
(**1307**-8) von P. Röbke-Doerr,
96 Seiten, kartoniert

Drechseln
(**1306**-X) von O. Maier, 72 Seiten,
kartoniert

Holzspielzeug
(**1163**-6) von H.-W. Bastian,
80 Seiten, kartoniert

Elektrogeräte reparieren
(**1160**-1) von O. Maier, 104 Seiten,
kartoniert

Modellbau Elektronik
(**1361**-2) von A. Burgwitz, 80 Seiten,
kartoniert

Elektroarbeiten
(**0975**-5) von K. H. Schubert,
120 Seiten, kartoniert

Autoreparaturen
(**1211**-X) von K. Felden, 120 Seiten,
kartoniert

Mountainbike Reparaturen
(**1505**-4) von W. Lindorf, 72 Seiten,
kartoniert

Fahrradreparaturen
(**0796**-5) von R. van der Plas,
112 Seiten, kartoniert

Technik im Garten
(**1238**-1) von H.-W. Bastian,
64 Seiten, kartoniert

Foto Praxis
(**4401**-1) von G. Koshofer,
224 Seiten, gebunden

Besser Videofilmen
(**1458**-9) von W. Schild, 107 Seiten,
kartoniert

Videofilmen wie ein Profi
(**4506**-9) von T. Pehle, 232 Seiten,
gebunden

Photo CD
(**1550**-X) von H. Freund, 176 Seiten,
kartoniert

So macht man bessere Fotos
(**1158**-X) von G. Koshofer,
114 Seiten, kartoniert

**So macht man bessere
Kinderfotos**
(**1459**-7) von G. Koshofer,
128 Seiten, kartoniert

Kreatives Gestalten

Lexikon der Seidenmalerei
(**4737**-1) von K. Huber, 208 Seiten,
gebunden

Apartes aus bemalter Seide
(**5274**-X) von E. Möller, 48 Seiten,
kartoniert

Seidenmalerei Tiermotive
(**5204**-9) von A. Keller, 32 Seiten,
kartoniert

Seidenmalerei Tücher und Schals
(**5152**-2) von R. Henge, 32 Seiten,
kartoniert

Seidenmalerei Exclusive Tücher
(**1303**-5) von E. Schwinge,
80 Seiten, kartoniert

Seidenmalerei Landschaften
(**5153**-0) von D. Kosik, 32 Seiten,
kartoniert

Seidenmalerei Glanzeffekte
(**5280**-4) von E. Schwinge, 48 Seiten,
kartoniert

**Seidenmalerei Schmuckkarten
und Miniaturbilder**
(**5166**-2) von I. Walter-Ammon,
32 Seiten, kartoniert

Seidenmalerei
(**1357**-4) von B. Hansen, 64 Seiten,
kartoniert

Neue zauberhafte Seidenmalerei
(**0924**-0) von R. Henge, 80 Seiten,
kartoniert

**Seidenmalerei als Kunst
und Hobby**
(**4264**-7) von S. Hahn,
136 Seiten, gebunden

Seidenmalerei Kissen
(**5151**-4) von I. Demharter,
32 Seiten, kartoniert

**Seidenmalerei Blüten, Blätter,
Ranken**
(**5165**-4) von D. Kosik, 32 Seiten,
kartoniert

Hobby Seidenmalerei
(**0611**-X) von R. Henge, 88 Seiten,
kartoniert

Geldgeschenke
(**1115**-6) von S. Haenitsch-Weiß,
80 Seiten, kartoniert

Geldgeschenke
(**5251**-0) von P. Jansen, 32 Seiten,
kartoniert

**Geschenke wunderschön
verpacken**
(**1113**-X) von P. Jansen, 80 Seiten,
kartoniert

**Geschenke
umweltfreundlich verpacken**
(**1240**-3) von P. Jansen,
64 Seiten, kartoniert

Dekorative Schleifen
(**5205**-7) von M. Schorege,
32 Seiten, kartoniert

**Die Kunst,
Geschenke zu verpacken**
(**0949**-6) von B. Niemann,
80 Seiten, kartoniert

**Passepartoutkarten
für Weihnachten**
(**5286**-3) von I. Wolff, 32 Seiten,
kartoniert

**Origineller Bastelspaß
rund ums Herz**
(**5272**-3) von D. Köhnen, 48 Seiten,
kartoniert

Originelle Fensterbilder
(**1305**-1) von D. Köhnen, 64 Seiten,
kartoniert

Die schönsten Fensterbilder
(**1066**-4) von K. Kimmerle, 64 Seiten,
kartoniert

Fensterbilder aus Papier
(**5158**-1) von E. Rüscher, 32 Seiten,
kartoniert

Fensterbilder Wale und Delphine
(**5287**-1) von S. Koter, 32 Seiten,
kartoniert

Fensterbilder Bärchen
(**5292**-8) von H. Dopheide,
32 Seiten, kartoniert

Fensterbilder Schweinchen
(**5290**-1) von D. Köhnen, 32 Seiten,
kartoniert

Fensterbilder für die Osterzeit
(**5244**-8) von R. und D. Lübke,
32 Seiten, kartoniert

**Fensterbilder Winter
und Weihnachten**
(**5275**-8) von F. Michalski, 48 Seiten,
kartoniert

Drehfensterbilder
(**1355**-8) von E. Bock, 64 Seiten,
kartoniert

Fensterbilder Blumen und Tiere
(**5186**-7) von M. Twachtmann,
32 Seiten, kartoniert

Tabaluga und Lilli Fensterbilder
(**1554**-2) von P. Maffay, 48 Seiten,
kartoniert

Sonne, Mond und Sterne
(**5282**-0) von D. Köhnen, 48 Seiten,
kartoniert

Zauberwelt Origami
(**1045**-1) von Z. Aytüre-Scheele,
80 Seiten, kartoniert

Origami
(**0756**-6) von Z. Aytüre-Scheele,
80 Seiten, kartoniert

Origami
(**5291**-X) von Z. Aytüre-Scheele,
54 Seiten, kartoniert

Klassisches Origami
(**1454**-6) von Pham Dinh Tuyen,
80 Seiten, kartoniert

Neue zauberhafte Origami Ideen
(**0805**-8) von Z. Aytüre-Scheele,
80 Seiten, kartoniert

Töpfern ohne Scheibe
(**0896**-1) von A. Riedinger, 80 Seiten,
kartoniert

Marmorieren
(**5247**-2) von T. Hartel, 32 Seiten,
kartoniert

Moosgummi
(**1354**-X) von S. Boczkowski-Sigges,
56 Seiten, kartoniert

Lenkdrachen
(**1011**-7) von W. Schimmelpfennig,
64 Seiten, kartoniert

Hobby Salzteig
(**0662**-4) von I. Kiskalt, 80 Seiten,
kartoniert

Neue zauberhafte Salzteig Ideen
(**0719**-1) von I. Kiskalt, 80 Seiten,
kartoniert

Duftsträuße und Potpouris
(**1239**-X) von A. Effelsberg, 80 Seiten,
kartoniert

Trockenblumen
(**0643**-8) von R. Strobel-Schulze,
88 Seiten, kartoniert

Blumen liebevoll arrangieren
(**1157**-1) von A. Effelsberg, 80 Seiten,
kartoniert

**Dekorieren und gestalten
mit Naturmaterialien**
(**4748**-7) 128 Seiten, gebunden

Kugeln bemalen und dekorieren
(**5285**-5) von M. Neubacher-Fesser,
32 Seiten, kartoniert

Heißgeliebte Teddys
(**0900**-3) von H. Nadolny, 80 Seiten,
kartoniert

Masken
(**5155**-7) von Chr. Familler, 32 Seiten,
kartoniert

Airbrush
(**1133**-4) von Ch. M. Mette,
80 Seiten, kartoniert

Kalligraphie
(**1044**-3) von I. Schade, 80 Seiten,
kartoniert

Figürliches Zeichnen
(**1010**-9) von H. Witzig, 112 Seiten,
kartoniert

Zeichnen und malen
(**4167**-5) von B. Bagnall, 336 Seiten,
gebunden

Aquarellmalen
(**0876**-7) von I. Schade, 80 Seiten,
kartoniert

**Stoffpuppen nach alten
Vorbildern**
(**5281**-2) von M. Meinesz, 48 Seiten,
kartoniert

Spielzeug aus Holz
(**1196**-2) von H. P. Kraft, 64 Seiten,
kartoniert

Laternen und Lampions
(**5206**-5) von C. Hüfner, 32 Seiten,
kartoniert

Spiele und Denksport

**Das FALKEN
Kreuzworträtsellexikon**
(**4694**-4) von K. Hammerschmidt,
850 Seiten, gebunden

Knobeleien und Denksport
(**2019**-8) von K. Rechberger,
112 Seiten, kartoniert

Neue Kartentricks
(**2027**-9) von K. Pankow, 104 Seiten,
kartoniert

Kartentricks
(**2010**-4) von T. A. Rosee, 80 Seiten,
kartoniert

Kartenspiele
(**0095**-2) von K. Lichtwitz, 96 Seiten,
kartoniert

Patiencen
(**2003**-1) von I. Wolter-Rosendorf,
120 Seiten, kartoniert

Neue Patiencen
(**2036**-8) von H. Sosna, 160 Seiten,
kartoniert

Das Skatspiel
(**0206**-8) von K. Lehnhoff, 96 Seiten,
kartoniert

Spielend Skat lernen
(**2005**-8) von T. Krüger, 120 Seiten,
kartoniert

Doppelkopf / Schafskopf
(**2015**-5) von C. D. Grupp,
112 Seiten, kartoniert

Rommé und Canasta
(**2025**-2) von C. D. Grupp, 88 Seiten,
kartoniert

Spieltechnik im Bridge
(**2004**-X) von V. Mollo, 152 Seiten,
kartoniert

Besser Bridge spielen
(**2026**-0) von J. Weiss, 144 Seiten,
kartoniert

Alles über Pokern
(**2024**-4) von C. D. Grupp,
112 Seiten, kartoniert

Schach 1
(**0648**-9) von H. Pfleger, 72 Seiten,
kartoniert

Schach 2
(**0659**-4) von H. Pfleger, 128 Seiten,
kartoniert

Schach 3
(**0728**-0) von H. Pfleger, 128 Seiten,
kartoniert

Schach für Fortgeschrittene
(**0219**-X) von R. Teschner, 88 Seiten,
kartoniert

Einführung in das Schachspiel
(**0104**-5) von W. Wollenschläger,
112 Seiten, kartoniert

Schach, das königliche Spiel
(**1105**-9) von T. Schuster, 184 Seiten,
kartoniert

Neue Schacheröffnungen
(**0478**-8) von T. Schuster, 104 Seiten,
kartoniert

Spielend Schach lernen
(**2002**-3) von T. Schuster, 88 Seiten,
kartoniert

Spiele für Party und Familie
(**2014**-7) von R. Carrell, 80 Seiten,
kartoniert

Neue Spiele für Ihre Party
(**2022**-8) von G. Blechner,
120 Seiten, kartoniert

Gesellschaftsspiele
(**2006**-6) von H. Görz, 112 Seiten,
kartoniert

**Familien- und Gesellschaftsspiele
mit Karten**
(**2001**-5) von C. D. Grupp,
144 Seiten, kartoniert

ISBN-Bestandteil: 3-8068-

Lustige Tanzspiele und Scherztänze
(0165-7) von E. Bäulke, 80 Seiten, kartoniert

Jonglieren
(1009-5) von Seiten Peter, 80 Seiten, kartoniert

Zaubertricks
(0282-3) von J. Merlin, 160 Seiten, kartoniert

Zaubern
(2018-X) von D. Buoch, 84 Seiten, kartoniert

Rätselspiele
(1270-5) von K. H. Schneider, 80 Seiten, kartoniert

Würfelspiele für jung und alt
(2007-4) von F. Pruss, 112 Seiten, kartoniert

Carrom
(1059-1) von H. Damhofer, 88 Seiten, kartoniert

Das japanische Brettspiel Go
(2020-1) von W. Dörholt, 104 Seiten, kartoniert

Spielend Go lernen
(2041-4) von H. Otake, 192 Seiten, kartoniert

Roulette
(0121-5) von M. Jung, 96 Seiten, kartoniert

Domino
(2045-7) von R. F. Müller, 96 Seiten, kartoniert

FALKEN für Kinder

Basteln mit Kleinkindern
(4747-9) von W. Kottke, 128 Seiten, kartoniert

Das große, farbige Bastel- und Werkbuch
(4439-9) von D. Rex, 256 Seiten, gebunden

Kinder Bastelbuch für Advent und Weihnachten
(4687-1) von S. Wetzel-Maesmanns, 104 Seiten, gebunden

Basteln mit Kindern für Ostern
(5283-9) von V. Ettelt, 48 Seiten, kartoniert

Lauter tolle Sachen, die Kinder gerne machen
(4731-2) von U. Barff, 352 Seiten, gebunden

Bastelbuch für Kinder
(4254-X) von U. Barff, 224 Seiten, gebunden

Das 2. farbige Bastelbuch für Kinder
(4530-1) von U. Barff, 224 Seiten, gebunden

Das goldene Bastelbuch für Kinder
(4769-X) von U. Barff, 336 Seiten, gebunden

Heute basteln wir mit Pappe und Papier
(4413-5) von U. Barff, 224 Seiten, gebunden

Unvergeßliche Kindergeburtstage
(4705-3) von G. Hennekemper, 176 Seiten, gebunden

Unvergeßliche Kinderfeste
(4457-7) von G. Hennekemper, 192 Seiten, gebunden

Kindergeburtstag
(0287-4) von I. Obrig, 136 Seiten, kartoniert

Unvergeßliche Kinderpartys
(4756-8) von V. Mirschel, 112 Seiten, gebunden

Fensterbilder Meine Lieblingstiere
(5197-2) von Y. Thalheim, 32 Seiten, kartoniert

Dinos und Drachen
(5279-0) von G. Reinscheid, 48 Seiten, kartoniert

Große Fensterbilder
(5276-6) von D. Köhnen, 32 Seiten, kartoniert

Fensterbilder Bauernhof
(5264-2) von D. Köhnen, 48 Seiten, kartoniert

Fensterbilder Enten und Gänse
(5278-2) von D. Köhnen, 48 Seiten, kartoniert

Fensterbilder Lustige Tiere
(5210-3) von F. Michalski, 32 Seiten, kartoniert

Fensterbilder Alphabet
(5242-1) von E. Bohne, 32 Seiten, kartoniert

Fensterbilder Zahlen
(5268-5) von E. Bohne, 32 Seiten, kartoniert

Fensterbilder Ritter und Burgen
(5284-7) von D. Köhnen, 48 Seiten, kartoniert

Farbenfrohe Fensterbilder
(5255-3) von K. Groß, 32 Seiten, kartoniert

Fingerspiele
(2043-0) von G. Falkenberg, 72 Seiten, kartoniert

Kinderspiele aus aller Welt
(4783-5) von SOS-Kinderdorf-Müttern, 128 Seiten, gebunden

Spiele für kleine und große Gruppen
(**4805**-X) von S. Horak,
128 Seiten, gebunden

Spielen mit den Allerkleinsten
(**4691**-X) von S. Horak,
128 Seiten, gebunden

Neue Reimspiele und Spielreime
(**1426**-0) von L. Wieland,
80 Seiten, kartoniert

Spiele mit Papier und Bleistift
(**2044**-9) von K.-H. Koch, 96 Seiten,
kartoniert

Guten Tag Kinder!
(**0861**-9) von U. Lietz, 96 Seiten,
kartoniert

Einmal grad und einmal krumm
(**0599**-7) von H. Witzig, 144 Seiten,
kartoniert

Moosgummi
(**5271**-5) von A. und R. Schurr,
48 Seiten, kartoniert

Sticker
(**5270**-7) von D. Dieterle, 48 Seiten,
kartoniert

Spiel und Spaß auf Reisen
(**1085**-0) von U. Geißler, 80 Seiten,
kartoniert

Kleine Spiele ganz groß
(**1330**-2) von U. Vohland, 80 Seiten,
kartoniert

Das große bunte Spielebuch
(**4543**-3) von R. Grabbet, 160 Seiten,
gebunden

Spielbare Witze für Kinder
(**0824**-4) von H. Schmalenbach,
112 Seiten, kartoniert

Kinderspiele mit Buchstaben und Wörtern
(**1041**-9) von Dr. U. Vohland,
96 Seiten, kartoniert

Spiele im Freien
(**2038**-4) von G. Wagner, 88 Seiten,
kartoniert

Mein kunterbuntes Rätselbuch
(**4697**-9) von D. und R. Zey,
128 Seiten, kartoniert

Kids 94/95
(**4544**-1) von H. O. Wiebus,
176 Seiten, gebunden

Antworten auf Kinderfragen
(**4477**-1) von Dr. H. Hofmann,
308 Seiten, gebunden

Das große farbige Kinderlexikon
(**4195**-0) von U. Kopp, 320 Seiten,
gebunden

Entdeckungsspiele
(**1393**-0) von U. Vohland, 96 Seiten,
kartoniert

Kasperle kommt
(**1392**-2) von T. Böhner, 112 Seiten,
kartoniert

Kinder spielen Theater
(**4696**-0) von G. Walter, 160 Seiten,
gebunden

Phantasievolles Schminken
(**0907**-0) von H. und Y. Nadolny,
64 Seiten, kartoniert

Schminken für Kinder
(**5177**-8) von Y. Thalheim,
32 Seiten, kartoniert

Mit Kindern turnen
(**1213**-6) von P. Pauly, 96 Seiten,
kartoniert

Fußballtraining für Kinder und Jugendliche
(**1463**-5) von S. Asmus,
120 Seiten, kartoniert

Gärtnern macht den Kindern Spaß
(**4517**-4) von U. Krüger, 96 Seiten,
gebunden

Spiel und Spaß zu Hause
(**2039**-2) von U. Geißler, 80 Seiten,
kartoniert

Komm koch und back mit mir
(**4285**-X) von S. und H. Thellig,
112 Seiten, gebunden

Kinder kochen mit Knuddel
(**1094**-X) von U. Bültjer, 80 Seiten,
kartoniert

Garten

FALKEN Garten-Jahr
(**4730**-4) von K. Greiner, 320 Seiten,
gebunden

Arbeitskalender für Zimmergärtner
(**1473**-2) von H. Jantra, 120 Seiten,
kartoniert

Der naturgemäße Zier- und Wohngarten
(**0748**-5) von I. Gabriel, 128 Seiten,
kartoniert

Steingärten
(**4452**-6) von A. Throll-Keller,
128 Seiten, gebunden

Reihenhausgärten
(**1016**-8) von H. Jantra, 104 Seiten,
kartoniert

Schöne Gärten
(**4482**-8) von H. Jantra, 168 Seiten,
gebunden

Moderne Gartengestaltung
(**1255**-1) von K. Greiner, 128 Seiten,
kartoniert

Kleingärten
(**1015**-X) von H. Jantra, 88 Seiten,
kartoniert

Schöne Kräutergärten
(**1256**-XP) von H. Jantra, 112 Seiten,
kartoniert

Wintergärten
(**4256**-6) von der Gruppe LOG, ID,
136 Seiten, gebunden

Der pflegeleichte Hausgarten
(**1170**-9) von H. Jantra, 112 Seiten,
kartoniert

Kompost im Hausgarten
(**1258**-6) von H. Abels, 72 Seiten,
kartoniert

ISBN-Bestandteil: 3-8068-

Wohngarten
(**4751**-7) von H. Jantra, 120 Seiten,
gebunden

Nützliche Tiere im Garten
(**1472**-4) von I. Polaschek, 80 Seiten,
kartoniert

**Der richtige Schnitt von Obst-
und Ziergehölzen, Rosen und
Hecken**
(**0619**-5) von E. Zettl, 88 Seiten,
kartoniert

**Obstgehölze sachgemäß
schneiden**
(**1127**-X) von P. G. Wilhelm,
136 Seiten, kartoniert

Naturgemäß gärtnern
(**1377**-9) von I. Gabriel, 112 Seiten,
kartoniert

Erfolgstips für den Gemüsegarten
(**0674**-8) von F. Mühl, 80 Seiten,
kartoniert

Erfolgstips für den Obstgarten
(**0827**-9) von F. Mühl, 128 Seiten,
kartoniert

Schneckenbekämpfung
(**1378**-7) von B. Meyer, 64 Seiten,
kartoniert

Gesunde Pflanzen in Hydrokultur
(**1257**-8) von H.-A. Rotter, 80 Seiten,
kartoniert

Hydrokultur
(**0944**-5) von H.-A. Rotter,
144 Seiten, kartoniert

Ziergräser
(**1333**-7) von H. Jantra, 104 Seiten,
kartoniert

Rosen
(**4692**-8) von H. Steinbauer,
144 Seiten, kartoniert

Rosen
(**1183**-0) von H. Jantra, 104 Seiten,
kartoniert

Wasser im Garten
(**4810**-6) von P. Hendel, 208 Seiten,
gebunden

Mein kleiner Gartenteich
(**0851**-1) von I. Polaschek,
144 Seiten, kartoniert

**Pflanzen und Tiere für den
Gartenteich**
(**1171**-7) von W. Costa, 128 Seiten,
kartoniert

Gartenteiche, Tümpel und Weiher
(**1073**-7) von F. Liedl, 80 Seiten,
kartoniert

**365 Erfolgstips für schöne
Zimmerpflanzen**
(**0893**-7) von H. Jantra, 144 Seiten,
kartoniert

Zimmerpflanzen
(**4274**-4) von Prof. Dr. G. Stelzer,
192 Seiten, gebunden

**Das moderne Handbuch
Zimmerpflanzen**
(**4416**-X) von H. Jantra, 304 Seiten,
gebunden

Dekorative Blattpflanzen
(**1128**-8) von H. Jantra, 128 Seiten,
kartoniert

Kakteen
(**1429**-5) von G. Andersohn,
160 Seiten, kartoniert

Orchideen
(**1188**-1) von Dr. G. Schoser,
112 Seiten, kartoniert

**Blütenpracht auf Balkon
und Terrasse**
(**0928**-3) von M. Haberer, 88 Seiten,
kartoniert

**Balkon, Terrasse und Dachgarten
wirkungsvoll gestalten**
(**4536**-0) von H. Jantra, 152 Seiten,
gebunden

Gewächshäuser
(**4408**-9) von Dr. G. Schoser,
232 Seiten, gebunden

**Natürlich gärtnern unter Glas
und Folie**
(**0722**-1) von I. Gabriel, 128 Seiten,
kartoniert

Kletterpflanzen
(**4546**-8) von U. Mehl, 120 Seiten,
gebunden

Tiere

Der Hund in der Familie
(**1014**-1) von J. Werner, 128 Seiten,
kartoniert

Das neue Hundebuch
(**0009**-X) von W. Busack, 112 Seiten,
kartoniert

Hunde
(**4118**-7) von H. Bielfeld, 192 Seiten,
gebunden

Alles über junge Hunde
(**0863**-5) von Dr. med. vet. E. M. Bartenschlager, 64 Seiten, kartoniert

Hundekrankheiten erkennen und behandeln
(**1077**-X) von Dr. med. vet. R. Spangenberg, 96 Seiten, kartoniert

Der Deutsche Schäferhund
(**0073**-1) von A. Hacker, 104 Seiten, kartoniert

Schäferhunde
(**1513**-5) von R. Voltz, 96 Seiten, kartoniert

Alles über Dackel, Teckel, Dachshunde
(**1079**-6) von M. Wein-Gysae, 80 Seiten, kartoniert

Streuner und Tierheimhund
(**1512**-7) von C. Ludwig, 112 Seiten, kartoniert

Richtige Hundeernährung
(**0811**-2) von Dr. med. vet. E. M. Bartenschlager, 80 Seiten, kartoniert

Mischlingshunde
(**1511**-9) von H. Rogner, 96 Seiten, kartoniert

Die beliebtesten Hundenamen
(**1174**-1) von H.-J. Schließke, 96 Seiten, kartoniert

West Highland White Terrier
(**1514**-3) von H. Rogner, 96 Seiten, kartoniert

Der Deutsche Schäferhund
(**1091**-5) von U. Förster, 112 Seiten, kartoniert

Die Katze in der Familie
(**1076**-1) von U. Birr, 136 Seiten, kartoniert

Katzen
(**4158**-6) von B. Gerber, 176 Seiten, gebunden

Junge Katzen
(**0862**-7) von Dr. med. vet. E. M. Bartenschlager, 72 Seiten, kartoniert

Katzenkrankheiten
(**1078**-8) von Dr. med. vet. R. Spangenberg, 104 Seiten, kartoniert

Das neue Katzenbuch
(**0427**-3) von B. Eilert-Overbeck, 120 Seiten, kartoniert

Sittiche und kleine Papageien
(**0864**-3) von Dr. med. vet. E. M. Bartenschlager, 88 Seiten, kartoniert

Alles über Kanarienvögel
(**0901**-1) von H. Schnoor, 64 Seiten, kartoniert

Nymphensittiche
(**1474**-0) von F. Moll, 80 Seiten, kartoniert

Artgerechte Niststätten für heimische Vögel
(**1220**-9) von Dr. W. Keil, 94 Seiten, kartoniert

Alles über Großsittiche
(**1320**-5) von H. Bielefeld, 88 Seiten, kartoniert

Beos
(**1475**-9) von M. Wagner, 72 Seiten, kartoniert

Wellensittiche
(**1129**-6) von H. Bielfeld, 64 Seiten, kartoniert

Diskusfische
(**1432**-5) von H. Hirsch, 64 Seiten, kartoniert

Gesunde Fische im Süßwasseraquarium
(**1013**-3) von H. J. Mayland, 96 Seiten, kartoniert

Süßwasseraquarium
(**4752**-5) von Dr. med. vet. J. Etscheid, 208 Seiten, gebunden

Alles über Rennmäuse
(**1318**-3) von M. Mettler, 80 Seiten, kartoniert

Meerschweinchen
(**0809**-0) von Dr. med. vet. E. M. Bartenschlager, 43 Seiten, kartoniert

Chinchillas und Degus
(**1130**-X) von M. Mettler, 96 Seiten, kartoniert

Streifenhörnchen
(**1219**-5) von M. Mettler, 96 Seiten, kartoniert

Zwergkaninchen
(**1075**-3) von M. Mettler, 64 Seiten, kartoniert

Zwerg- und Goldhamster
(**1012**-5) von M. Mettler, 96 Seiten, kartoniert

Geflügelhaltung als Hobby
(**0749**-3) von M. Baumeister, 184 Seiten, kartoniert

Pferde
(**4186**-1) von H. Werner, 176 Seiten, gebunden

ISBN-Bestandteil: 3-8068-

Video Reisen

Berlin
(6177-3) VHS, ca. 60 Min., in Farbe

Dresden
(6187-0) VHS, ca. 60 Min., in Farbe

Florenz
(6147-1) VHS, ca. 60 Min., in Farbe

Hongkong
(6160-9) VHS, ca. 60 Min., in Farbe

London
(6159-5) VHS, ca. 60 Min., in Farbe

New York
(6151-X) VHS, ca. 60 Min., in Farbe

Paris
(6157-9) VHS, ca. 60 Min., in Farbe

Prag
(6165-X) VHS, , ca. 60 Min., in Farbe

Rom
(6145-5) VHS, ca. 60 Min., in Farbe

Venedig
(6146-3) VHS, ca. 60 Min., in Farbe

Wien
(6158-7) VHS, ca. 60 Min., in Farbe

Bali
(6149-8) VHS, ca. 60 Min., in Farbe

Dänemark
(6184-6) VHS, ca. 60 Min., in Farbe

Dominikanische Republik
(6163-3) VHS, ca. 60 Min., in Farbe

Florida
(6154-4) VHS, ca. 60 Min., in Farbe

Griechische Inseln
(6166-8) VHS, ca. 60 Min., in Farbe

Irland
(6167-6) VHS, ca. 60 Min., in Farbe

Kalifornien
(6152-8) VHS, ca. 60 Min., in Farbe

Kanada
(6178-1) VHS, ca. 60 Min., in Farbe

Kanarische Inseln
(6162-5) VHS, ca. 60 Min., in Farbe

Kuba
(6150-1) VHS, ca. 60 Min., in Farbe

Malediven
(6156-0) VHS, ca. 60 Min., in Farbe

Mallorca
(6143-9) VHS, ca. 60 Min., in Farbe

Mexiko
(6188-9) VHS, ca. 60 Min., in Farbe

Norwegen
(6161-7) VHS, ca. 60 Min., in Farbe

Skiurlaub in USA
(6186-2) VHS, ca. 60 Min., in Farbe

Toskana
(6148-X) VHS, ca. 60 Min., in Farbe

Tunesien
(6174-9) VHS, ca. 60 Min., in Farbe

Thailand
(6155-2) VHS, ca. 60 Min., in Farbe

USA Südwest
(6153-6) VHS, ca. 60 Min., in Farbe

Video

Rückenschule
(6108-0) VHS, ca. 60 Min., in Farbe,
mit Broschüre

Autogenes Training
(6132-3) 2 Videos, VHS, jeweils ca.
60 Min., in Farbe

Autogenes Training für Kinder
(6135-8) VHS, ca 60 Min., in Farbe,
mit Begleitbroschüre

Top-Form Gymnastik
(6144-7) VHS, ca. 30 Min., in Farbe

**Schwangerschaftsgymnastik und
Geburtsvorbereitung**
(6175-7) VHS, ca. 30 Min., in Farbe

Rückbildungsgymnastik
(6176-5) VHS, ca. 30 Min., in Farbe

Yoga I - III
(6171-4) VHS, 3 Videos mit jeweils
60Min., in Farbe

Yoga 1
(6168-4) VHS, ca. 60 Min., in Farbe

Yoga 2
(6169-2) VHS, ca. 60 Min., in Farbe

Yoga 3
(6170-6) VHS, ca. 60 Min., in Farbe

Partner-Massage
(6131-5) VHS, ca. 60 Min., in Farbe

Partner-Massage
(6051-3) VHS, ca. 45 Min., in Farbe,
mit Begleitbroschüre

Reiten
(6097-1) VHS, ca. 60 min., in Farbe,
mit Begleitbroschüre

Karate
(6037-8) VHS, ca. 45 Min., in Farbe,
mit Begleitbroschüre

Teleski
(6052-1) VHS, ca. 60 Min., in Farbe,
mit Begleitbroschüre

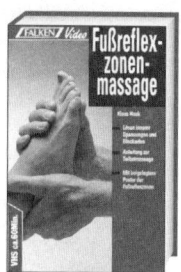

Fußreflexzonen-Massage
(**6136**-6) VHS, ca. 60 Min., in Farbe,
mit Broschüre

Snowboarding
(**6139**-0) VHS, ca. 45 Min., in Farbe

Basteln mit Kindern
(**6041**-6) VHS, ca. 60 Min., in Farbe,
mit Vorlagen in Originalgröße, mit
Begleitbroschüre

Aquarellmalen
(**6022**-X) VHS, ca. 40 Min., in Farbe

Ölmalerei
(**6025**-4) VHS, ca. 40 Min., in Farbe

Drachen bauen und fliegen
(**6141**-2) VHS, ca. 45 Min., in Farbe,
mit Broschüre

**Schnitt und Pflege von Bäumen
und Sträuchern**
(**6050**-5) VHS, ca. 45 Min., in Farbe,
mit Begleitbroschüre

Seidenmalerei
(**6173**-0) VHS, ca. 30 Min., in Farbe

Golf
(**6053**-X) VHS, ca. 60 Min., in Farbe,
mit Begleitbroschüre

Der Schwung
(**6180**-3) VHS, ca. 45 Min., in Farbe

Fehler und Korrekturen
(**6182**-X) VHS, ca. 45 Min., in Farbe

Das kurze Spiel
(**6181**-1) VHS, ca. 45 Min., in Farbe

Sinnliche Stunden
(**6099**-8) VHS, ca. 60 Min., in Farbe,
mit Begleitbroschüre

Aktfotografie
(**6001**-7) VHS, ca. 60 Min., in Farbe

Videofilmen wie ein Profi
(**6068**-8) VHS, ca. 60 Min., in Farbe,
mit Begleitheft

Besser Videofilmen
(**6172**-2) VHS, ca. 60 Min., in Farbe

Rhetorik
(**6066**-1) VHS, ca. 58 Min., in Farbe,
mit Begleitbroschüre

Körpersprache
(**6046**-7) VHS, ca. 60 Min., in Farbe,
mit Begleitbroschüre

ISBN-Bestandteil: 3-8068-

BESTELLSCHEIN

Erfüllungsort und Gerichtsstand für Kaufleute ist der jeweilige Sitz der Lieferfirma. Für alle übrigen Kunden gilt dieser Gerichtsstand für das Mahnverfahren. Falls durch besondere Umstände Preisänderungen notwendig werden, erfolgt Auftragserledigung zu dem bei Lieferung gültigen Preis.

Ich bestelle hiermit aus dem FALKEN Verlag GmbH,
Postfach 11 20, 65521 Niedernhausen/TS.,
durch die Buchhandlung:

___ Ex. _____

___ Ex. _____

___ Ex. _____

___ Ex. _____

Name: _____ Datum: _____

Straße: _____

Ort: _____ Unterschrift: _____